監修者――加藤友康／五味文彦／鈴木淳／高埜利彦

［カバー表写真］
「琉球藩設置」
（山田真山画）

［カバー裏写真］
「首里那覇図」

［扉写真］
尚泰
（『尚泰侯実録』）

日本史リブレット人080

# 尚泰

## 最後の琉球王

*Kawabata Megumu*
川畑 恵

目次

▼**東恩納寛惇**　一八八二〜一九六三。那覇出身。東京帝国大学卒。東京府立高等学校、拓殖《たくしょく》大学などの教授を歴任。『黎明期の海外交通史』『南島風土記』など、著書多数。

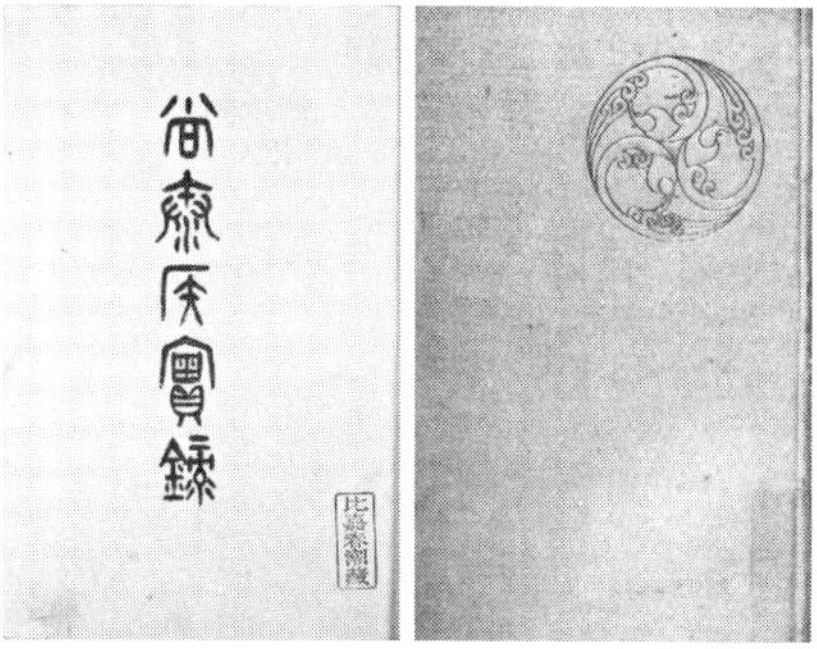

**『尚泰侯実録』表紙(右)・扉**

## 大和世《やまとぅゆ》への鏡として——嘆《なじ》くなよ臣下、命《ぬち》どぅ宝

尚泰(一八四三〜一九〇一)、と聞いて、即座にイメージできる人は、今どれだけいるだろうか。尚《しょう》(姓)・泰《たい》(名)と読み、琉球《りゅうきゅう》最後の王であった人物だと認識できるだろうか。これは、そのような人物であるにもかかわらず、東恩納《ひがしおんな》寛《かん》惇《じゅん》▲著『尚泰侯実録』(一九二四〈大正十三〉年)のほかに、ほとんど研究がなされてこなかったことに大きく由来するが、それ以上に、日本における沖縄・琉球史に対する無理解・無関心も、少なからず影響するのではなかろうか。

尚泰の生涯は、彼がその激動に巻き込まれた「琉球処分」に大きく影響されている。東恩納は、彼の人となりを、次のようにまとめている。

侯、外交多事の才に生れ、深く大勢の趨《おもむ》く所を察し、又常に維新《いしん》の洪謨《こうぼ》を瞻仰《せんぎょう》し、恭順の意を有したりと雖《いえども》、志と違ひ、竟《つい》に政府を煩《わずらわ》して事難を解決するの止《や》むなきに至れり。侯、深く是の事を恥《は》づ、故《ゆえ》に尚泰至急上京すべしとも命令を発せらる丶に及び恐懼《きょうく》措《お》く事能《ことあた》はず有司《ゆうし》眷属《けんぞく》皆惑ひ、踟《ち》躊《ちゅう》悲歎するを斥けて断然自ら令して遵奉の旨を以《もっ》て対《こた》へしめたり。明治十二年上京の後は、堅く門を閉ぢて客を絶ち、花卉《かき》を伴とし、又読書を楽しめり。その手沢《しゅたく》を留むるもの、哲学宗教書医薬卜筮《ぼくぜい》に至るまで網羅せざるなし。侯予《かね》て薬餌《やくじ》の術に通じ微恙《びよう》は、自ら匕《さじ》を執りて能く治する事を得たり。

と。尚泰が歴史の進展を理解し、みずから日本編入化の先頭に立つと同時に、他との交際をたつことで、琉球の社稷《しゃしょく》▲を終らせたことの責を埋めようとしたかのように描かれている。尚泰にしてみれば、幕末《ばくまつ》維新以降の歴史は、中山《ちゅうざん》王《おう》▲という地位を奪われ、琉球藩王《はんおう》▲、ついで麝香間祗候《じゃこうのましこう》▲と格下げされていく歴史でもある。それを敢然として受容し、日本人《やまとぅんちゅ》として、また日本《やまとぅ》の華族《かぞく》（侯《こう》爵《しゃく》）としての後半生をまっとうしたその人生は、王または藩王である自分が日《やま》本《とぅ》へと沖縄人《うちなーんちゅ》を導いたことにもなる。尚泰が琉球、琉球人の日本化、日本人

**▼社稷**　古代中国で君主がまつる土地の神（社）と五穀の神（稷）。この二神を国家の守り神としたことが、のちに転じて、国家、朝廷を意味した。

**▼中山王**　琉球の王の公称。十五世紀初期に中山王の尚氏が山《さん》北《ほく》・山南《さんなん》を平定し統一王朝を樹立するにおよび、その王の呼称となり、中国皇帝より冊封《さくほう》されることが慣例となる。

**▼琉球藩王**　一八七二（明治五）年、日本政府により琉球が琉球藩とされたことで、中山王尚泰に対し付与された称号。

**▼麝香間祗候**　華族・親任官《しんにんかん》および維新の功労者を優遇するために設けられた資格。ときおり、皇居内麝香の間に祗候し、天皇の相手などをつとめた。

化を積極的に希望したわけではないにせよ、みずから率先してその道を歩んだことは、沖縄の人びとの眼にどのように映ったのであろうか。

沖縄芝居▲の人気演目の一つ「首里《しゅり》城《じょう》明け渡し」（初演は一九三〇〈昭和五〉年）の大詰めである第六幕は、尚泰が上京するため臣下に見送られて那覇《なは》港を出港せんとする別れの場で、なかでも、尚泰が威厳をこめてよむ

戦《いく》さ世《ゆ》ん済《す》まち／弥勒世《みるくゆ》んやがてぃ／嘆《なじ》くなよ臣下《しんか》／命《ぬち》どぅ宝《たから》

（騒々しい時代は過ぎ／これからは住みやすくなるだろう／お前たち嘆くことはない／命こそが、生きていくことこそが大事なのだから）

とのつらねはよく知られている。とりわけ「命どぅ宝」の句は、沖縄戦、米軍占領下をへて、現在においても、多くの米軍基地・被害をかかえる沖縄を象徴する句として用いられることが多い。しかし、原作、および戦前に原作者（山里《やまざと》永吉《えいきち》）自身が演出した舞台にも第六幕はなく、観客の好みでこの場面は付け加えられたようである。このつらねは別の芝居（「国難」）には出てくるが、それをよむのは尚泰ではなく尚寧《しょうねい》▲で、場所も那覇港ではなく首里城内である。これを取り入れ、尚泰のそれとしてよんだのは演者の工夫だといわれている。尚寧の

▼**沖縄芝居**　歌、所作、舞踊、せりふなどで構成される「歌劇」と、日常の生活語に近い台詞で演じられる「方言《ほうげん》せりふ劇」とに大別される。明治二十年後半から始まり、歴史が題材とされることが多い。

▼**尚寧**　一五六四〜一六二〇。第二尚氏七代の王。一六〇九（慶《けい》長《ちょう》十四）年島津《しまづ》氏の侵攻を受け、翌年、島津家久《いえひさ》にともなわれ、前将軍家康《いえやす》および将軍秀忠《ひでただ》に拝謁する。ここに琉球の幕藩制《ばくはんせい》国家に対する従属が名実ともに成立。死後、浦添《うらそえ》ようどれに葬られる。

尚寧



悲劇性と尚泰のそれとを重ね合わせたこの演出は、観客にとって受け容れやすかったのであろう。

その当時、琉球から沖縄県への移行を同時代史的に体験している県民もまだ多く、観客にとっては身近な歴史であり、また日本《やまとぅ》からの差別を受けてきた人びとにとっては、歴史と現在とが交差する場面としてとらえられたのであろう。そして、このつらねを詠み上げるのは、すなわち、沖縄県設置以降の歴史を経験してきた自分たちの代表としては、尚寧よりはむしろ、王の地位を奪われ、首里城退去および東京在住を余儀なくされた尚泰でなければならなかった。初演の頃は、尚泰上京から半世紀以上がすぎている。この頃になると尚泰という存在は、沖縄県民にとって沖縄の悲劇を表象するものとしてとらえられていた。

尚泰王の在位末期は、あくまで日本政府派出官員による観察との留保はつくものの、生活苦にあえぐ一般庶民は、「世《ゆ》替《が》わり」を望んでいたと記録されている。しかし、約半世紀という時間は、みずからを苛《さいな》んできた組織の長たる尚泰という存在を、あらたにみずからを苛む組織に対する代表者として見出したことになる。それはとくに沖縄県設置以降、県民が体験してきたこと、させられてきたことの具現化でもある。尚泰がよんだとされてきた「命どぅ宝」の句は、時をへて、一九八〇年代、沖縄戦を語る言葉のひとつとしてあらたに再登場した。現在では、沖縄戦以後の沖縄社会の価値観と理念を体現する言葉として使用され、尚泰が詠唱したと当時の沖縄人《うちなーんちゅ》が希望した時と、意味が異なってきている。とはいえ、それにこめられた想いに変わりはない。

尚泰には、冒頭にもあげた『尚泰侯実録』という正伝がある。尚泰に関する唯一の伝記というにとどまらず、幕末から琉球処分期にかけての史料としても価値の高い大著である。東恩納は、尚侯爵家の依頼を受け、一九一〇（明治四十三）年六月、尚侯爵邸に「文政《ぶんせい》年間以降ノ書籍」「故従一位様《じゅいちいさま》御関係書類」を、そして在首里の尚家に対し「御蔵本目録」を借用請求し、それらと日本政府の公文書類を参照して、乾・坤二冊の実録を編修した。それはのちに本文四五〇ページ、年表一二〇ページ、図版一枚の『尚泰侯実録』（侯爵尚家蔵版）として刊行された。この時、東恩納が尚家から取りよせた資料から書き抜いたものが、「史料稿本（尚泰関係史料）」として、『那覇市史　資料篇　第二巻　中の四』に所収され、この時期の研究に大きく資している。また、尚家にて代々継承されてきた

尚王家の王冠



王冠や衣裳、調度類など美術工芸品と、行政文書などの資料が那覇市に寄贈され、現在では「琉球国王尚家関係資料」として保存され、利用することが可能となっている。

本書は、急激な変動のなかを生きた尚泰の生涯を、とくに琉球処分という現在にもつながる歴史過程のなかでとらえ、時代に翻弄されながらもその波を乗りこなしつつ、懸命にみずからの存在を意識し続けた一人の人間として描くものである。

尚泰は、幕末期には幼少を、琉球処分期には病中をおもな理由として、表舞台にはほとんど出てこない。だからといって神輿《みこし》に担がれているだけではなく、要所ではみずからの意思を強く主張し、それをとおしている。とらえどころのむずかしい人物であるが、彼が発した(かのようにされてしまった)「命どぅ宝」の句は、現在あらたに進化の真っ最中でもあり、目隠しをされたまま綱渡りを余儀なくされた尚泰の生涯を、今の沖縄を背景にして読んでいただけると幸いである。

なお、琉球の年号は、明治の年号を受容するまで中国暦を採用していたが、

尚王家の石帯

煩雑を避けるため、ここではすべて和暦を用いる。また、琉球の政治機構・体制は、琉球王府と表記されることもあるが、本来王府とは、王の府庫を示す用語であり、行政体をあらわすのは適当ではないように思われる。琉球政府とすべきであろうが、この呼称では、一九五二(昭和二十七)年から七二(同四十七)年まで存在した統治機構(Government of the Ryukyu Islands)との混同をきたす。それゆえ、本書は首里政府の呼称を採用する。それに関連して、首里政府と区別する意味において、適宜、日本政府の表記を用いた。

王子・按司の通常服と大礼服（『琉球風俗図』）

▼**中城王子**　王世子の称号。王世子は誕生後しばらくは童名《わらびなぁ》で呼ばれるが、五歳くらいで中城間切《まぎり》を領地として賜り、中城王子と称し中城御殿《うどぅん》に住居した。

▼**冊封使**　中国皇帝が琉球の王を封ずる（冊封《さくほう》）ために派遣した使者。琉球では「さっぽう」と呼称する。一四〇四（応永《おうえい》十一）年、察度《さっと》王朝最後の王武寧《ぶねい》に始まり、以後尚泰まで二二回の冊封儀式が執行された。

# ①——誕生から維新慶賀使派遣まで

## 生い立ち

尚泰は、一八四三（天保《てんぽう》十四）年七月八日、第二尚氏第十八代王尚育《しょういく》の第二王子として生まれた。兄の濬《しゅん》が早世したため、翌年、王位継承のための前段階である中城王子《なかぐすくおうじ》▲（＝世子《せいし》）に就任した。一八四七（弘化《こうか》四）年九月、父王の育が崩御《ほうぎょ》すると、十七日、中城王子への王位継承要請の使者として摩文仁按司《まぶにあじ》朝健《ちょうけん》（尚《しょう》大模《だいも》）が任命され、鹿児島に差遣される。首里《しゅり》政府は、泰への王位継承が許可されることを見越して（拒否された例はない）、王位継承に向けた儀式の準備に取りかかった。翌年四月九日に泰の王位継承が許可された旨が至急便にてもたらされ、使者帰琉にともなう儀礼が執行されたが、薩摩《さつま》における疱瘡《ほうそう》流行のため、使者の首里入城はかなわず、書状披見にてすまされた。六歳で第十九代の王に即位したとはいえ、清《しん》の冊封使《さっぽうし》▲を迎え、琉球国中山王《りゅうきゅうこくちゅうざんおう》に封ぜられたのは、在位一八年をすぎた一八六六（慶応《けいおう》二）年であり、歴代の王のなかではもっとも遅い。それは即位以来、琉球を取り巻く国際情勢の急変したことが大きく反映し

ペリーの首里城訪問

▼**按司**　琉球における称号、位《い》階《かい》の一つ。王族のうち、王子の次に位置し、王子や按司の長男が就いた。各地の豪族《ごうぞく》を首里城下に居住させて以降は、王子に次ぐ家格となった。

ている。

　父王の時代から欧米諸国船の来航があったが、泰の生まれた年にも、イギリス軍艦が宮古《みやこ》・八重山《やえやま》に寄港し、測量を行っている。翌年にはフランスが、泰即位の年にはイギリスが、それぞれ通商を求めるため来航した。一八五一（嘉《か》永《えい》四）年には、漂流民万次郎《まんじろう》を乗せたアメリカ船が沖縄島南部に位置する摩文仁の小渡《おど》港より上陸した。その二年後には、アメリカの東インド艦隊司令長官マシュー＝ガルブレイス＝ペリーの艦隊が浦賀《うらが》寄港にさきだって那覇《なは》に寄港し、泰との会見を求めたが、それに応ずることはなかった。ペリーは翌年一月に泊《とまり》港より上陸し、総理官《そうりかん》金武《きん》按司▲ほかと会見し、自艦隊のための貯炭所番兵の設置を要請した。その後、江戸《えど》へと向かい徳川幕府《とくがわばくふ》と日米和親《わしん》条約を結ぶと、那覇に戻り、一八五四（安政《あんせい》元）年七月十一日、首里政府とのあいだに琉米修好《しゅうこう》条約をなかば強引に結んだ。

　翌年十一月には海兵の威力を背景にフランスとのあいだで琉仏修好条約が、その四年後にはオランダとのあいだで琉蘭修好条約がそれぞれ締結された。なおオランダとの条約締結は、安政の五カ国通商《つうしょう》条約に基づいて横浜《よこはま》・長崎・

**尚氏系図**

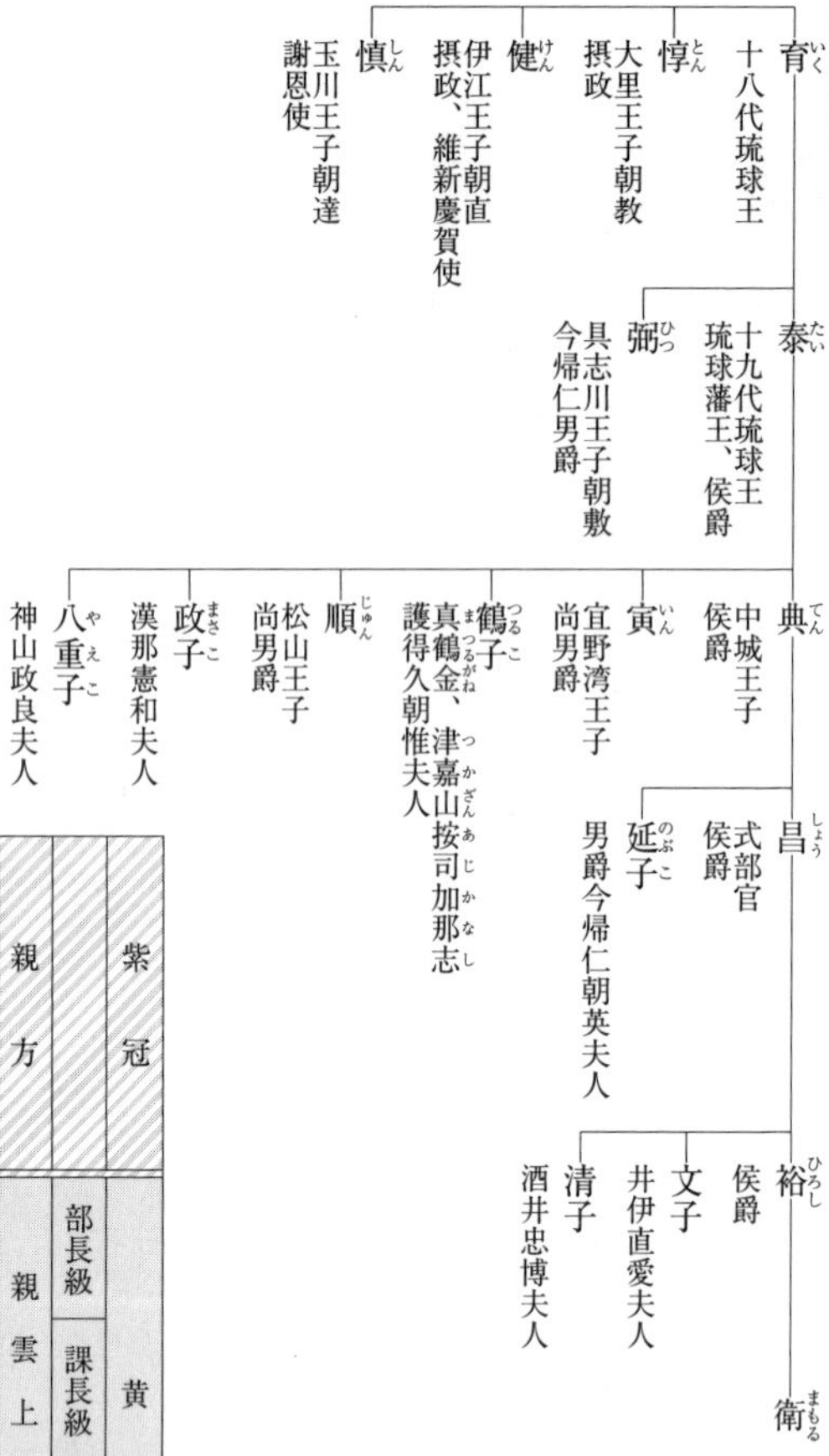


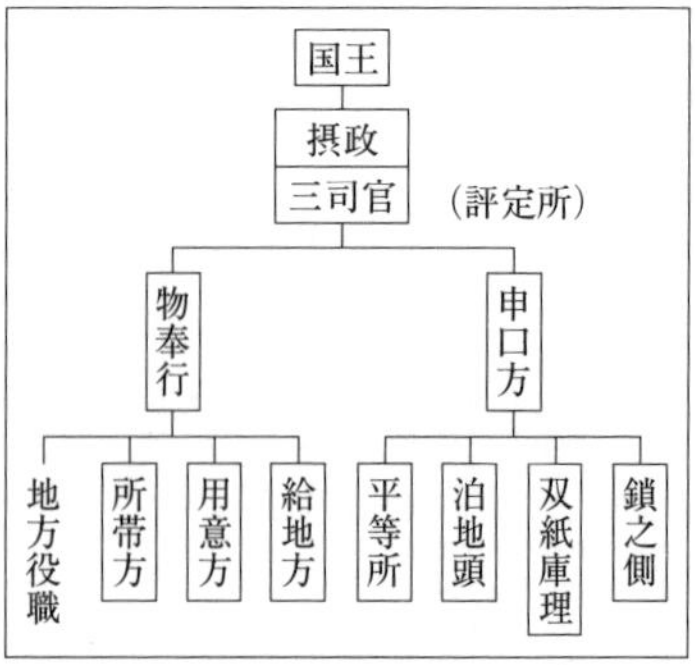


首里政府の行政機構図

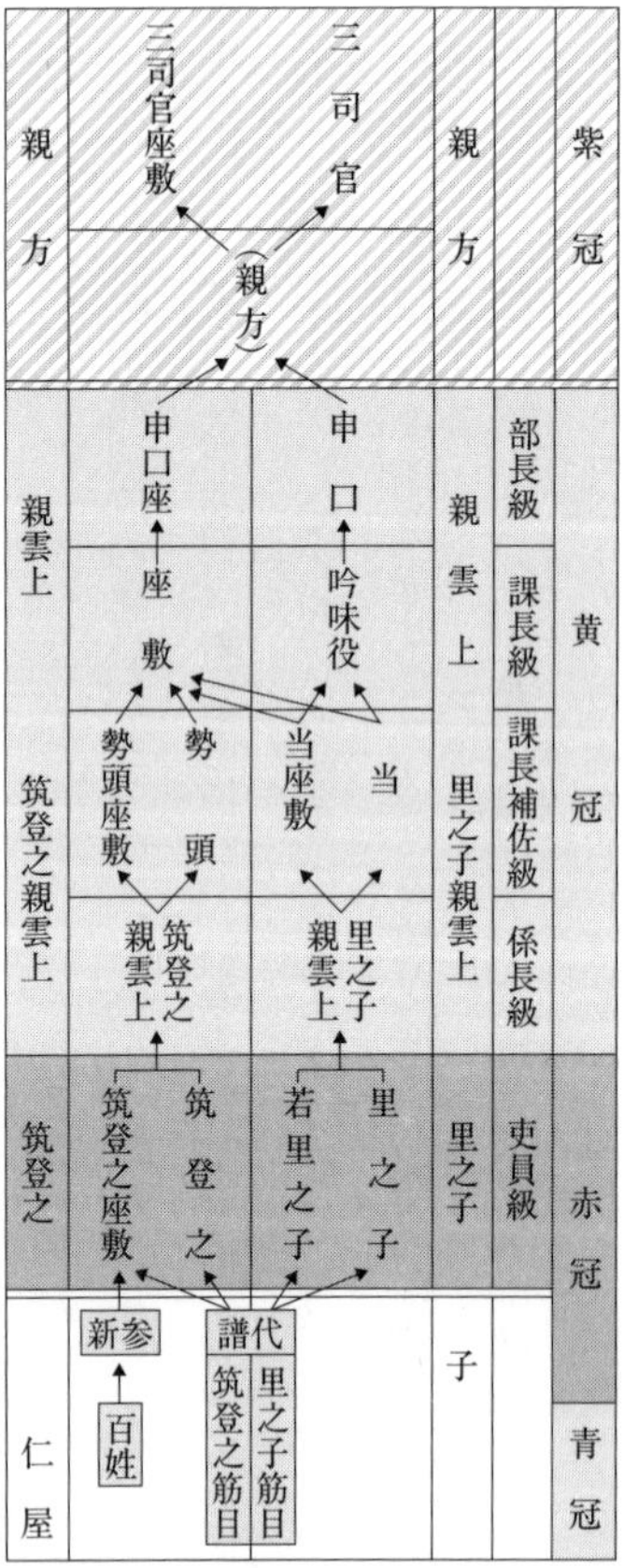


首里政府の位階

箱館《はこだて》の三港が開港した直後ではあった。三条約ともに徳川幕府が結んだ条約同様、相手国に領事裁判権《りょうじさいばんけん》を認めることなどを取り決めた不平等なものであった。そして、この条約締結交渉に、泰は幼少、また他国人と会見はしないとの慣行を理由に一切出てこなかった。

一八五〇(嘉永三)年、年頭使として奥《お》武《う》親方《おやかた》▲朝昇《ちょうしょう》を薩摩に上国させ、清国咸豊帝《かんぽうてい》即位の慶賀使《けいがし》▲を北京《ペキン》に派遣し、六二(文久《ぶんきゅう》三)年には同治帝《どうちてい》即位の慶賀使を派遣した。一八六五(慶応元)年には尚泰を中山王に封ずるための冊封使の迎接に使者を派遣し、その翌年六月、最後となる冊封使を迎えた。この間もそうであるが、明治にいたっても、従来どおり、隔年進貢《しんこう》は続行されており、清国との歴史的関係は変更なきものと、琉球では考えられていた。

## 牧志・恩河事件

一八五八(安政五)年一月、薩摩藩士市来四郎《いちきしろう》▲は、藩主島津斉彬《しまづなりあきら》の密命をおび琉球に渡り、琉球と条約を取り交わしたフランスと軍艦・銃器の注文などを交渉し契約を成立させたが、藩主の死去にともない頓挫した。このことは、琉球

▼**親方**　士族《しぞく》が賜る最高の称号。世襲ではないが、その大半は首里を中心とした門閥《もんばつ》によって世襲されていた。紫冠をいただき、花金《かきん》茎銀簪《けいぎんかんざし》を差した。正二品《しょうにほん》以上にのぼると、金簪を差した。

▼**慶賀使**　琉球王の襲封または徳川将軍の代替りに際して、江戸に派遣された使節。一六三四(寛《かん》永《えい》十一)年、島津氏が琉球王に徳川将軍の代替りを祝う慶賀使を派遣させたのに始まる。一〇年後には、王の襲封を将軍に感謝する謝《しゃ》恩使《おんし》も派遣され、以後、慶賀使・謝恩使の江戸上りが恒例となる。

▼**市来四郎**　一八二九～一九〇三。島津斉彬側近として琉球を介しての対外貿易を模索。青年時には高島《たかしま》流砲術《ほうじゅつ》など火薬に関する勉学をおさめた。のち、琉球通宝《つうほう》などの鋳造にもかかわった。

の政治に多大な影響をおよぼすことになる。幕末《ばくまつ》の政治史において、島津斉彬は藩の富国強兵《ふこくきょうへい》につとめ、琉球を介して薩摩藩とフランスとの交易を意図していたことはよく知られている。その政策にそわない三司官《さんしかん》▲座喜味《ざきみ》親方盛普《せいふ》(毛恒徳《もうこうとく》)を首里政府を通じ罷免させ、斉彬の意向に協力的な小禄良忠《おろくりょうちゅう》(馬克承《まこくしょう》)▲、恩河朝恒《おんがちょうこう》(向汝霖《しょうじょりん》)▲、牧志朝忠《まきしちょうちゅう》(向永功《しょうえいこう》)▲ほかの親斉彬派官吏を登用し、それぞれ三司官、物奉行《ものぶぎょう》▲、日帳主取《ひちょうぬしどり》▲などに就任させ、積極的な対外政策の展開をはかった。

しかし、この年七月の斉彬の死により同藩での政策が一変するや、琉球にも波及し、親斉彬派への報復が始まる。反斉彬派により、さきの座喜味親方罷免後の三司官入札における不正、薩摩との贈収賄や公金横領、王廃立の謀反《むほん》(玉川《たまがわ》王子擁立)などの容疑をかけられ、小禄、恩河、牧志らが逮捕され、牧志・恩河事件と呼称される一大疑獄事件に発展する。容疑者には拷問による自白が強要され、小禄には泰を廃し、王族の玉川王子朝達《ちょうたつ》(第二尚氏第十七代王尚灝《しょうこう》の第六王子、尚慎《しょうしん》)を王に立てようとした嫌疑がかけられ、伊江島照泰寺《いえじましょうたいじ》に五〇〇日の寺入りとなった。玉川王子は泰の叔父にあたり、尚泰即位にともなう謝

▼**三司官**　首里政府における行政の最高責任者。三人制で親方中より投票にて選ばれ、その職掌は用意《ようい》方、給地《きゅうち》方、所帯《しょたい》方に分かれ、三人がそれぞれを分担した。

▼**小禄良忠(馬克承)**　一八一九～?。一八五二(嘉永五)年、王舅となり福建に渡る。三司官に就任するも、牧志・恩河事件のため免職となり、下獄。

▼**恩河朝恒(向汝霖)**　?～一八六〇。物奉行在職中、島津斉彬の積極政策によりフランス軍艦購入にかかわる。斉彬死後に免職、投獄された。終始無実を主張したが拷問の末、獄死した。

▼**牧志朝忠(向永功)**　一八一八～六二。語学に優れ、ペリー来琉時の通事をつとめた。島津斉彬に見出され、重用されたが、斉彬死後、免職。一〇年の流刑となるも、薩摩藩の要請で釈放され、鹿児島に向かう途中、投身自殺。

恩使として江戸上りをつとめた重鎮であったが、同様に拷問にかけられんとしたところを、津波古《つはこ》親方政正《せいせい》(東国興《とうこくこう》)▲の反対でそれをまぬがれ、糸満《いとまん》に蟄居《ちっきょ》の身となった。恩河には斉彬の密命により座喜味親方の三司官弾劾にかかわったとの嫌疑がかけられ、久米島《くめじま》に六年の流刑判決がくだるも、拷問による衰弱のため流刑前に獄死した。牧志には小禄の宥免を薩摩藩官吏に依頼した容疑がかけられ、八重山島に一〇年の流刑となったが、薩摩藩より身柄引渡しが要求され、鹿児島への護送中、伊平屋島《いへやじま》沖で投身自殺した。

この事件が起きると、泰は摂政《せっせい》▲大里《おおざと》王子朝教《ちょうきょう》(尚灝の第二王子、尚惇《しょうとん》)を召し、近来人心が乱れ、不詳の風説を耳にすることを慨嘆し、これも風教の退廃不振によるとして、綱紀粛正のため、尚泰名で、次の六カ条の諭旨《ゆし》を出した。

一、臣下《しんか》は忠節を守り、役人はその職に忠実で私のないようにせよ。

一、学問は修身斉家《しゅうしんせいか》を主とし、余力があれば書芸におよぶように。なお、名利《みょうり》の学を好んではならない。

一、華美をすて、実に就くべきこと。

一、権門《けんもん》に出入りして栄華《えいが》を求めることなく、才徳を磨いて立身の基を開

**▼物奉行**　用意方、給地方、所帯方からなる物奉行所に、それぞれ一人おかれた。各物奉行は、同じく各物奉行所を担当する三司官の監督のもとで職務を行った。物奉行のもとに吟味役がおかれ、おもに物奉行は親方が、吟味役は親雲上が就任した。

**▼日帳主取**　琉球の外交、文教政策を担当する鎖之側《さすのそば》の次官級のポスト。

**▼津波古政正(東国興)**　一八一六〜七七。琉球の政治家。北京の国子監《こくしかん》に留学し、帰国後要職を歴任したのち、尚泰の国師《こくし》となる。琉球処分期もつねに冷静な判断を尚泰に意見具申した。

**▼摂政**　三司官に上位する最高位の官職。多くは王族である王子・按司位の者から選ばれ、按司の者が就任する場合は、摂政就任にともない位階ものぼり、王子位となる。

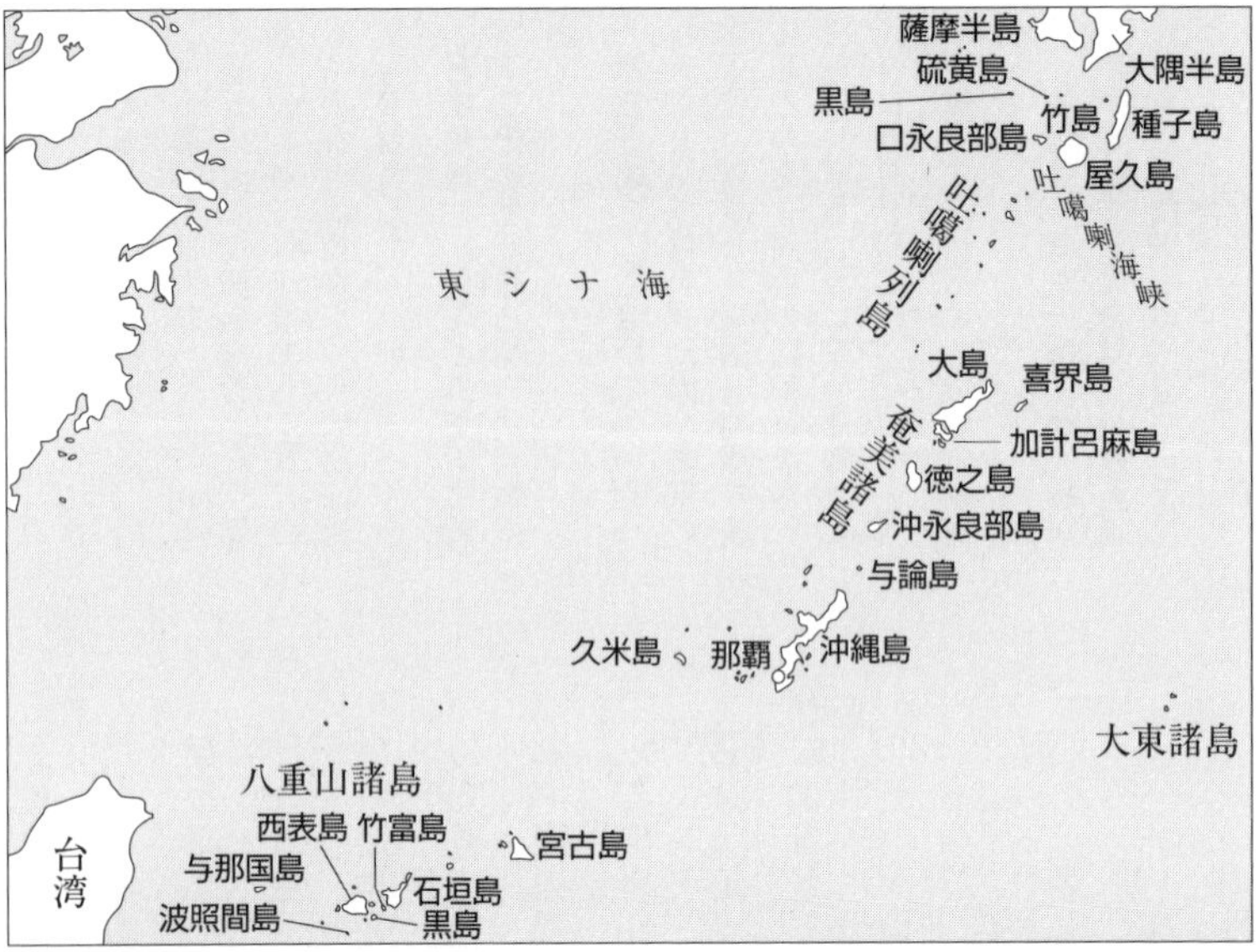

南西諸島地図

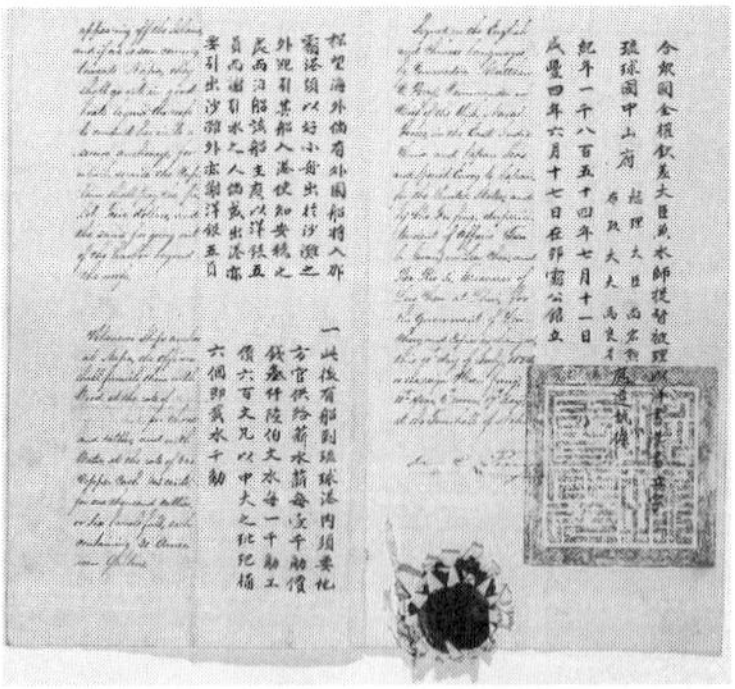
琉米修好条約締結書

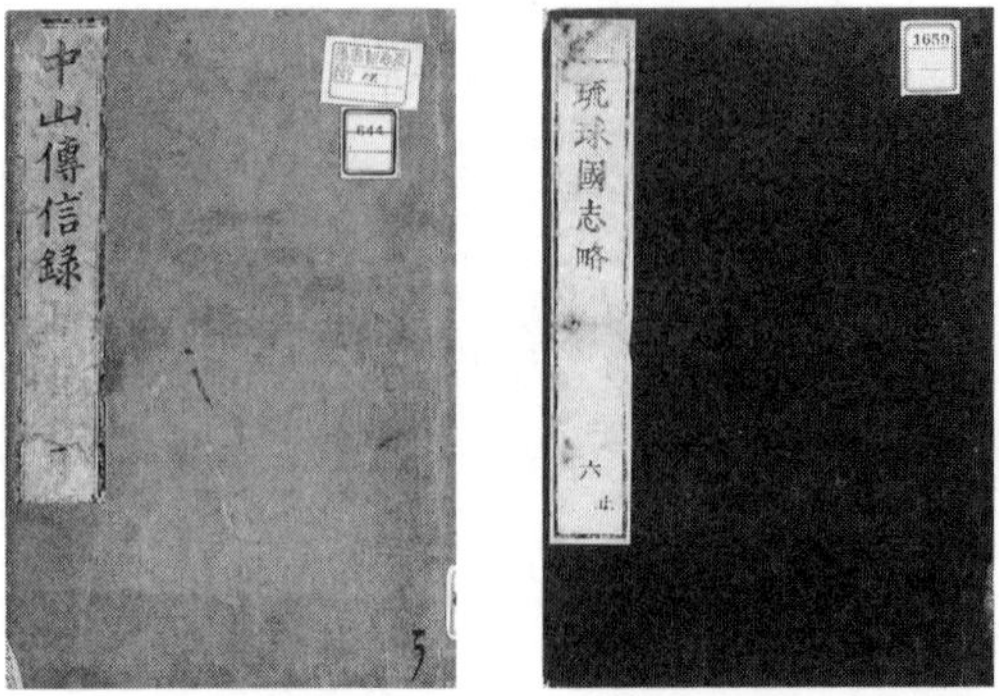

冊封使録

くべきこと。

一、邪説を流布して国政を誹譏《ひき》し、目上の者を弾劾するなどのことがあってはならない。

一、農民を愛護し、国の本を養うようにせよ。

九月には薩摩藩官吏より、落書などをもって目上の者を誹議することなどのなきように令達《れいたつ》があるや、即日、泰は諸官を召してみずから訓諭し、評定所《ひょうじょうしょ》▲触書《ふれがき》をもってこれに従うよう一般に布達した。泰は弱冠ながらも、外国船の来航、牧志・恩河事件など、体制をゆるがすような多事の時にあたり、内治・外交ともにその心身を労することが多いことを知ると同時に、それを正面から受けとめ、臣下に対し職務に忠実にあるよう説諭するまでに成長していた。

翌年、評定所にて「法条《ほうじょう》」が定められた。「法条」は、それ以前に制定されていた「琉球科律《かりつ》」「新集科律」の要点を抜粋したもので、犯罪予防のため一般民衆に向け、刑法の知識を説いたものであった。なお、評定所は、幕藩《ばくはん》体制的には裁判機関を意味するが、首里政府においては政治機構の中心をなしていた。

▼**評定所**　摂政、三司官が国政を司る役所。首里城の北殿（議政殿）におかれた。諸政務は表十五人と称する一五人の評議員が詮議し答申、摂政・三司官が合議して決定し、重要な事項は王の裁可を必要とした。

**牧志朝忠**（『琉球見聞録』）

## 尚泰冊封

　一八六一（文久元）年一月、自藩の財政立直しをはかった薩摩藩の指令により、銅銭一文《もん》をもって鉄銭二文に抵用する、いわゆる文替《ふが》わり（銅銭と鉄銭の交換レートの変更）が断行された。これは一八六八（明治元）年九月までのあいだに八回行われ、最終的には銅銭一文＝鉄銭一貫二〇〇文となった。このため物価騰貴を引き起こし、首里政府の財政はもちろんのこと、庶民の生活にも大混乱を招いた。その最中、一八六六（慶応二）年六月、清国の冊封使（正使翰林院検討趙新《かんりんいんけんとうちょうしん》、副使翰林院編修于光甲《へんしゅううこうこう》）の来琉があり、七月二十日、先王尚育の葬儀を執り行い、翌八月二十七日、尚泰を冊封《さくほう》した。膨大な経済負担をともなうものであったが、これにより名目的とはいえ、清国皇帝と泰との君臣《くんしん》関係が正式に成立したことになる。

　一八六七（慶応三）年、徳川幕府はパリ万国博覧会の開催にあたり、徳川昭武《あきたけ》（将軍慶喜《よしのぶ》の異母弟）を将軍の代理として派遣した。薩摩藩も佐賀藩とともに幕府とは別に参加しており、薩摩藩主は「日本薩摩琉球国▲太守《たいしゅ》政府」の名で、「薩摩琉球国」の五文字の入った勲章を作成し、皇帝ナポレオン三世はじめフラン

▼**薩摩琉球国**　一八六七（慶応三）年開催のパリ万国博覧会において、薩摩藩が発行した勲章にきざまれた文字。同藩は「日本薩摩琉球国太守政府」を自称した。

ス高官に贈った。首里政府ではまったく関知していないことであった。翌年九月、改元され明治となり、その布告が十一月になって琉球に届けられ、同月二十四日には「大和年号」を「明治」に改めた旨が三司官より布達されたが、清国に対してはその後も同国の年号「同治」を使用し続けた。

一八七一(明治四)年七月の廃藩《はいはん》置県《ちけん》の結果、鹿児島県が成立するとともに同県の管轄になった琉球に、翌年一月、鹿児島県参事《さんじ》大山綱良《おおやまつなよし》▲は、奈良原幸五郎《ならはらこうごろう》(繁《しげる》)▲、伊地知壮之丞《いじちそうのじょう》(貞馨《さだか》)▲ほかを派遣し、本土の変革などを告知せしめると同時に、藩債免除の達書を交付した。これに対し首里政府は現状維持、つまり琉球と鹿児島の関係および琉球の政体に何らの支障なき範囲内において、時勢に応ずる旨を返答し、また万事復古《ふっこ》の時代だとして、慶長《けいちょう》以前への復古、すなわち一六〇九(慶長十四)年の島津氏の琉球侵攻以来、割譲せられた与論島《よろんとう》以北の島々の返還を期待した。

## 琉球処分建議

琉球に対する日本政府の認識としては、一八七二(明治五)年五月に大蔵大輔《おおくらだいぶ》

▼**大山綱良**　一八二五〜七七。初代鹿児島県令《けんれい》。維新後、一八七一(明治四)年鹿児島県大参事となり、征韓論《せいかんろん》政変で帰県した西郷隆盛《たかもり》らの私学校《しがっこう》を全面的に支持した。一八七七(明治十)年、官位を剝奪され、斬刑に処せられた。

▼**奈良原幸五郎(繁)**　一八三四〜一九一八。明治期の官僚、政治家。一八七八(明治十一)年、内務省御用掛《ごようがかり》となり、静岡県令、日本鉄道会社初代社長、宮中顧問官《きゅうちゅうこもんかん》などを歴任。明治中期、一六年にわたり沖縄県知事をつとめた。

▼**伊地知壮之丞(貞馨)**　一八二六〜八七。明治期の官僚。貨幣局出仕、琉球在番をつとめ、修史編纂に携わる。また、薩摩の英・蘭との貿易交渉にも従事、維新後、内務省に出仕するが、内務卿大久保利通に、琉球からの収賄をとがめられ免職。

井上馨《いのうえかおる》が正院《せいいん》へ提出した建議に始まる。井上は、泰に「悔過謝罪《かいかしゃざい》」させたあと、すみやかに琉球の版籍《はんせき》をおさめ日本の所轄に帰して国郡《こくぐん》制をおき、税制などをすべて内地と同じ制度にすることを求めた。また同時に王土《おうど》王民《おうみん》的な論理により泰の天皇への忠誠を強要し、かつ清国との伝統的関係、すなわち冊封関係▲の断絶を迫った。さきの鹿児島県からの通告が琉球処分の前兆をなすものとするならば、この建議は政府部内での琉球施策論議の端緒をなすものである。

　正院は左院《さいん》に対し、琉球は従来より薩摩に附庸しており、かつ支那の冊封をも受けているような、曖昧な関係を匡正すべく処分法を審議させた。左院では、この年九月に予定された維新《いしん》慶賀使の接待ともあわせて検討を重ね、全九章からなる答議を提出した。琉球が日清両属状態にあることの認識は、井上の建議と共通しており、第二章と第三章においては、清への服従は「名」であり、日本に対しては「実」をもって服従しているとする。日清両属の歴史に対する解釈が井上の建議と異なっているのは、第六～八章で、第六章では日本人と琉球人との差が強調され、井上の建議が歴史的に日琉関係が密接であったことを説いているのに対し、左院では、琉球国主は琉球の人類であり、国内の人類と同一に

▼**冊封関係**　中国の歴代王朝が周辺諸国の国際秩序を維持するために用いた対外政策。中国皇帝が朝貢《ちょうこう》国の君主《くんしゅ》に爵位などを付与し君臣関係を結び彼らにその統治を認め、宗主国《そうしゅこく》対藩属国《はんぞくこく》という従属的関係をつくる。

扱うことは不可、とする見解を打ち出している。第七章では、琉球を封じて王国、侯国としてもかまわない、藩号を除き琉球王と宣下することがあっても、わが帝国の所属であることの妨げにはならない、という。それらを承けて第八章では、日本から琉球王に封じても清国より王号の封冊を受けることを許し、はっきりと両属とみなすべし、として「帝国」の再構築を答申するとともに、今後の琉球の「王」という存在のあり方についても明確にしている。

また八月には、陸軍大輔山県有朋《やまがたありとも》も井上と同様、琉球について建議した。山県は、琉球の王を参朝させて日本の華族《かぞく》に列し、日本の政令を遵奉させる、と、井上の建議と同様の方針はみられるが、井上建議にはみられない日清間の対話を求める姿勢も打ち出されている。いわゆる留守政府内において、従来まで異域・異国とみなされてきた琉球、そしてその長である王という存在を、総体的に理解しようとする姿勢が出てくるのである。それははじめての経験であると同時に、新しい国家形成に不可欠であり、摩擦を起こさないことが必要とされた。

## 維新慶賀使派遣

六月二十四日、鹿児島県から在番《ざいばん》奉行《ぶぎょう》▲福崎助七《ふくざきすけしち》（季連《すえつら》）を通じて、王政御一新につき王子一人、三司官一人を御祝儀かつ御機嫌伺として早々に参朝させること、などとする内諭が三司官宛に通知された。しかしこれには但書があり、これまでは旧幕府に対し、世替わりの際に江戸へ参勤のことがあったが、これ以降は王みずからが参内《さんだい》相当のことがなければならない。ただしまずは国王名代を参朝させることが加えられた。そしていうまでもなく、これは「朝命ノ儀」であり、早々に御請《おうけ》したうえで、もし遅れるようなことがあれば、皇威の軽重にもかかわることであるから、よくよく心えるように厳命されている。これは、旧幕府への「参勤」＝琉球使節の江戸上りという近世的外交論理が継承されており、またこの内諭が「朝命」であることを強調し、派遣が遅延すれば「皇威ノ軽重」にかかわる重大事とされていた。ただ、この段階においては王自身による上京は、まだ予定されていない。端的にいうならば、王名代による上京から王のそれへと移行させることが、政府による琉球処分政策の中心課題となる。

七月には権典侍《ごんてんじ》右松祐永《みぎまつすけなが》、権大属《ごんだいぞく》今藤宏《いまふじひろし》ほかが首里に到着し、「琉球国中山

**▼在番奉行**　琉球における薩摩藩の出先機関。一六二八（寛永五）年の設置以来、薩摩藩による琉球支配の拠点となった。

**▼伊江朝直**　一八一八～九六。琉球の政治家。尚灝王の五男。伊江按司家の養子となり伊江王子を称す。一八五九（安政六）年の牧志・恩河事件には糾明《きゅうめい》総奉行として親斉彬派を弾圧。

**▼宜野湾朝保（向有恒）**　一八二三～七六。琉球の政治家、歌人。表十五人、三司官を歴任。歌人としても著名で『沖縄集』『沖縄集二篇』を編集。なお後年、尚寅が宜野湾王子と称したのを機に、「宜湾」と改名。

王」に宛てた大山鹿児島県参事からの書を呈上した。これを承け十六日、伊江《いえ》王子朝直《ちょうちょく》▲（尚灝の第五王子、尚健《しょうけん》）、宜野湾《ぎのわん》親方朝保《ちょうほ》（向有恆《しょうゆうこう》）▲が王政一新祝賀正副使に任じられ、日帳主取喜屋武親雲上《きゃんぺーちん》▲朝扶《ちょうふ》▲らに随行が命じられた。伊江王子はこの八月には摂政に任じられる。宜野湾親方は、これにさきだち、福崎からの通知を受け、三司官の一人として泰に伺候《しこう》し、この通知に順うことを勧めている。

さきの伊地知・奈良原の目的は、時勢変革を通知するとともに、琉球と島津氏との関係を鹿児島県へと移行させようとするものであったが、右松・今藤のそれは、琉球と幕府との関係を明治新政府へと移そうとするものであった。右松らは、琉球使臣がたてまつる表《ひょう》▲の文言にも容喙《ようかい》し、王子王号を削除し明治の年号をそえ、方物目録《ほうもつもくろく》▲中の「琉球国正使尚健」を「琉球正使尚健」とするなどの変更を加えた。

そして九月十四日、維新慶賀使正使伊江王子朝直・同副使宜野湾親方朝保・賛議官《さんぎかん》▲喜屋武親雲上朝扶は参内し、式部助《しきぶのすけ》の先導で御前《ごぜん》に参進し天皇に拝謁《はいえつ》した。つぎに式部助に天皇・皇后にのぼるところの中山王の表ならびに方物目録

▼**親雲上**　琉球士族でおもに中級相当の士族の称号。黄冠をいただき、銀簪を差した。采地の有無により発音上区別する。正三品〜従七品の士族のうち、地頭《じとう》職にある者は、「ペークミー」、従四品〜従七品の地頭職でない士族は「ペーチン」。

▼**喜屋武朝扶**　生没年不詳。首里士族。一八七五（明治八）年、松《まつ》田道之《だみちゆき》が来琉した時、首里政府官吏として折衝にあたる。沖縄県設置後は、在京尚邸の家扶《かふ》をつとめ、帰郷後は三味線づくりに従事。

▼**表**　臣下が君主にたてまつる書のこと。琉球国中山王が遜《へりくだ》って、日本の天皇に祝意を伝えている。

▼**方物目録**　天皇・皇后へ献上された琉球産物の目録。

▼**賛議官**　吟味《ぎんみ》役ともいう。重要政務を決定する表十五人を構成。

琉球使節の江戸上り(『琉球中山王両使者登城行列図』)

明治時代の慶賀使

を手交《しゅこう》する。これを受けた式部助はこれを読み上げ、捧呈した。ついで侍立していた外務《がいむ》卿《きょう》副島種臣《そえじまたねおみ》に詔書《しょうしょ》が授けられた。副島は使節一行に対し、中山王尚泰を琉球藩王《はんおう》に封じ華族に列する旨の詔書を宣読《せんどく》した。これに対し使臣三人は、そのように遇していただいたことは「聖恩重渥恐感《せいおんちょうあくきょうかん》」の至りにたえない、と応えた。琉球側が儀礼的にせよ、詔書を受容する形をとることで、はじめて関係が成立することになった。すなわち、詔書を一方的なものとして拒否することがむずかしくなったのである。

日本《やまと》の冊封を受けたことは、首里政府内においておおいに物議を醸した。さきの詔書を受納し帰琉した使節に対し、亀川《かめがわ》親方盛武《せいぶ》(毛允良《もういんりょう》)▲は、このような大事を王にはからず受けたのは不都合だと責任を追及し、「冊命返上《さつめいへんじょう》」を主張した。また三司官であった宜野湾親方を辞職に追い込んだ。この政争は、泰が詔書の受入れを表明したことで一時的には鎮静化した。しかし従来、日清両属の状態にあった時期でも、王の選出を自主的に決めていた首里政府にとって、藩王という地位をあたえられたこと、そしてその決定を受け入れたことの意味は、日本政府によりその任免権を掌握されたことにあった。

▼**亀川盛武(毛允良)**　生没年不詳。琉球の政治家。三司官をつとめた。日本政府による琉球処分に反対し、沖縄県設置後も脱清派を支援して、抵抗の姿勢をくずさず、抵抗運動を組織した。

**亀川盛武**(『琉球見聞録』)

▼**清国福州府**　明清《みんしん》時に現在の福建省福州市に琉球館(柔遠《じゅうえん》駅)が設置された。中国と琉球との交易指定港であった。

副島は、翌十五日、正院に対し琉球藩属の体制について、

一、琉球の外国人応接を担う清国福州府《ふくしゅうふ》▲に、外務省官員を在勤させること
一、わが国の政治制度などの宣布目的のため、外務省の琉球の風俗視察に大蔵省官吏も参加させること
一、琉球藩王に一等官をおおせだされること
一、尚泰を華族に列し、東京府下に家屋園庭を備えた邸宅を下賜されたきこと
一、琉球藩王に冠装束類《かんしょうぞくるい》をすべて備え、入朝の使臣三人にも直垂《ひたたれ》などをおのおのに下賜されたきこと

の五カ条の建議を行い、それはおおむねかなえられた。そのなかでもとくに政府からの冠服の授与は、国家儀礼の衣装が中国風《とう》から日本風《やまとう》へ衣替えされたことを意味し、日本型華夷秩序《かいちつじょ》の一応の到達点でもあった。

**奄美諸島返還要求**

ほぼ同じ頃、伊江王子らは副島に対し、一八七二(明治五)年の奈良原らの来

琉時と同様に、与論島以北の島々の返還を要請した。一六〇九(慶長十四)年の島津氏による侵攻で同地域が奪取されるまで、同地域が琉球の版図《はんと》であることを、改めて主張したことになる。天皇により琉球王が琉球藩王に「陞され」ても、首里政府は、清国との関係をそのまま存続する意向を有しており、首里政府から奄美《あまみ》諸島の返還を要請されることは、日本政府にとって、日清間に明確な国境を設定することがより困難になることを意味する。琉球の日本専属を明確にしないかぎり、この問題はたえず日清間の棘となって残る。そのため、廃藩置県以降続いた県域の改変と同様に、琉球の返還要求を解釈することはできない。それに加え、二十八日には太政官《だじょうかん》より琉球藩に対し、琉球がかつてアメリカ・フランス・オランダの三カ国と締結した条約原本の外務省への移管、および自発的な外国交際の禁止が命じられた。つまり、琉球藩を管轄することとなった外務省により、日本の一地方化へ向けた作業が進められていくこととなったのである。

日本政府は、日本の駐在する諸外国公使に対して琉球からの慶賀使の派遣を通知している。駐日アメリカ公使C・E・デ゠ロングから、最近日本政府より琉球の王に対し辞爵譲地がうながされ、日本帝国中の大名《だいみょう》と同格に列せられ、華族に叙せられたことが宣下《せんげ》されたことを承知している旨の書面がよせられている。これは各駐日公使による日琉関係の一般的理解であった。慶賀使の天皇拝謁式の実態は、日本の琉球に対する冊封儀礼にほかならなかったのであり、その拝謁は、清国皇帝および島津氏(→徳川将軍)へと向けられていた第二尚氏の忠誠心の方向が、天皇へと一方向に限定されることを意味した。すなわち、政府が目標とした中央集権国家の一地域として琉球を位置づけることの確認であったのである。

翌一八七三(明治六)年四月に外務省は琉球藩に対し、境界が不分明な海中の孤島は、外国からの掠奪も憂慮されるため、日の出から日没まで久米・宮古・石垣《いしがき》・西表《いりおもて》・与那国《よなぐに》の五島の庁に、国旗の掲揚を指令した。また、外務省六等出仕伊地知貞馨と琉球藩とのあいだで、渡唐船の往還について伺と指令▲が繰返される。その結果、今後は鹿児島県への連絡をやめ、すべて琉球藩で規則どおり取りはからい、清国関係のことは書面をもって、外務省官員に届け出るようにした。

▼**伺・指令**　下級の役人・官庁・機関などから上級のそれに指示をあおぐのが伺。指令は逆に、上級の役人・官庁・機関などから下級のそれに対して発される遵守義務をともなう指図。

八月には、副島より太政《だじょう》大臣・参議《さんぎ》に対し、摂政・三司官など、琉球の要職を奏任官に準じ、交代の際には藩王より人選のうえで伺い出ること、摂政を四等官《しとうかん》、三司官を六等官に準じたい旨の意見が提出され、翌年一月、太政大臣名にて琉球藩へ達せられた。この方針は、さきに琉球王が琉球藩王に封じられていることとあわせ、藩王以下の要職の任免を日本政府が掌握することを目的としている。これに琉球藩は強く抵抗したが、最終的には押し切られた。ただ在京琉球藩臣に対しては、同じく一八七三年八月、琉球の国体・政体は永久に替わることなく、また清国との交通もこれまでどおりとする旨の副島・伊地知連名の書面があり、十月には再度、国体・政体不変についての確認が交わされている。つまり、外務省主導の琉球処分方針に従うかぎりにおいて、外務省は、琉球と清国との独自の外交関係の存続さえ完全否定するにはいたらなかった。外務省としては、まず主要人事を掌握しさえすれば、琉球の抵抗をなるべく最小限におさえて体制を改編できると判断し、漸進的琉球処分策を採用していた。琉球からみれば、外務省の方針内においてであれば、それなりの自由裁量が認められていたともいえる。この時点における副島、ならびに外務省の意向は詳らかではないが、国体・政体不変のことは文書化されたため、これが以後の日本政府の施策に対する琉球側の抵抗のよりどころとなる。しかし、外務省方針からの転機が発生した。台湾出兵である。

## 台湾出兵

一八七二(明治五)年六月、日清修好条規《にっしんしゅうこうじょうき》の改正のため天津《てんしん》に在留していた外務大丞兼少弁務使《がいむだいじょうけんしょうべんむし》柳原前光《やなぎわらさきみつ》から、『京報《けいほう》』に掲載された前年末の琉球民遭害▲に関する記事が本省に報告された。翌七月、大山鹿児島県参事は、台湾へ出兵して、皇威を海外に示し琉球民の怨魂を慰めることを建言した。それ以降、鎮西鎮台《ちんぜいちんだい》第二分営長陸軍少佐《りくぐんしょうさ》樺山資紀《かばやますけのり》を中心に情報の収集、また出兵へ向けた準備が行われた。

翌年三月、同治帝新政の慶賀と日清修好条規の批准を名目に渡清した副島は、朝鮮問題とともに琉球民遭害事件についても清国に打診し、清国の担当大臣より、事件は同国の政教・禁令のおよばない「化外《けがい》ノ民」が行ったもの、との発言をえた旨の報告を政府に行っている。また、これとは別に柳原を総理衙門《そうりがもん》▲に遣

▼**琉球民遭害**　一八七一(明治四)年、首里に貢納し帰途に就いた宮古・八重山の船四隻のうち、宮古船の一隻が遭難し、台湾東南海岸に漂着した。そのうち五四人が台湾先住民によって殺害された事件。

▼**総理衙門**　清末に設立された洋務および外交事務を司る中央機構。総理各国事務衙門の簡称。総署《そうしょ》、訳署《やくしょ》ともいう。一八六一(咸豊《かんぽう》十一)年設立された。親王が総理する。

わし、その結果、台湾島民には「生熟両種」があり、「熟蕃《じゅくばん》」▲は徐々に清国に服しているが、「生蕃《せいばん》」▲はどうにもできない「化外▲ノ野蕃」とする清国側の見解をえた。政府はこの見解と、元厦門《アモイ》駐在アメリカ総領事リ＝ゼンドルの「台湾は清国の管轄ではあるが政令も行き届いていない浮遊物で、先取したほうの所有物となる」との意見を組み合わせ、琉球は日本の属藩であり、琉球民の無実の罪を晴らす義務を起こすため、「生蕃」の居住する台湾東部への出兵を正当化する論理を組み立てた。これに対し琉球藩は、早くも維新慶賀使の拝謁の頃には出兵の中止を願い出ており、出兵中にも、台湾への出兵は清国に対し差しさわりがあるばかりではなく心配だ、との認識を示していた。

出兵は、一八七四(明治七)年二月六日に内務卿《ないむきょう》大久保利通《おおくぼとしみち》▲・大蔵卿《おおくらきょう》大隈重《おおくましげ》信《のぶ》の両参議より提出された「台湾蕃地《ばんち》処分要略」により、実践化がはかられる。「台湾蕃地処分要略」は、大隈の命によって柳原と外務省一等書記官鄭永寧《ていえいねい》により作成された原案の「台蕃処分要略」一六条のうち、第五条・第六条・第一〇条〜第一六条が削除されたもので、七条からなる。なお、原案では「蕃地」の占領を前提としているが、「台湾蕃地処分要略」では原案にあったそれが削除された

▼**熟蕃・生蕃・化外**　台湾の先住民諸種族のうち、漢《かん》族化した者を熟蕃、そうでない者を生蕃、国家の統治または中華文明の範囲外を化外と呼んだ。

▼**大久保利通**　一八三〇〜七八。明治の政治家。維新後、中央集権体制の確立に尽力し、台湾出兵の戦後処理にもあたる。初代内務卿となり、松田道之を見出し、本格的な琉球処分政策の実施を開始した。

ため、「蕃地」征討の遂行とそれに関連する清国政府との交渉方針に限られることになった。

しかし、政府内部には「蕃地」占領計画が潜在しており、その後提出されるリ＝ゼンドルの意見書では、ふたたび「蕃地」占領が前面に出てくる。「台湾蕃地処分要略」は、台湾問題に関する日本政府の公式見解であり、日本が藩属である琉球人民の殺害に対し報復することは、日本政府の義務であり、討蕃の公理もここに大義をえたこと、また琉球は古来日本の所属であることを明らかにすべきであることなど、琉球の帰属を明確にすることを、その主たる目的の一つとしていた。

政府部内、軍部内の不統一をよそに、五月十七日、台湾蕃地事務都督《じむととく》▲陸軍中将西郷従道《ちゅうじょうさいごうじゅうどう》▲が長崎を出発し、二十二日、台湾南部社寮に上陸して、「生蕃討伐」を進めた。そして七月一日には、南部一八蕃社《じゅうはちばんしゃ》▲をすべて降伏させ、ほぼ平定した。最終的には、十月三十一日に清国とのあいだで日清両国間互換条《ごかんじょう》款《かん》および互換憑単《ひょうたん》が調印されることで一応の決着をみて、国際的には、琉球の日本専属が認知されたかにみえた。これ以降、明治政府は、琉球の沖縄県化

▼**台湾蕃地事務都督**　台湾蕃地事務局は、台湾出兵に際し、出兵軍の兵站《へいたん》を担当するため設置された臨時の機関で、事務都督がその全軍を統括する。出兵の翌年七月、事務局は廃止される。

▼**西郷従道**　一八四三〜一九〇二。明治の軍人、政治家。陸軍軍人として台湾蕃地事務都督となり、政府の中止命令をおして征台《せいたい》軍を指揮。のち、海軍に転じる。海軍大臣、内務大臣などを歴任した。

▼**南部一八蕃社**　蕃社とは、血縁を基礎とする地縁的な先住民に対する中国・日本からの呼称で、琉球民殺害に関連したとされるパイワン族など、おもに台湾中南部に住む蕃社をさす。実数一八は不詳。

に実質的に着手することとなる。その具体的、実践的な表れが、大久保内務卿により、この年十二月に提出された「琉球藩処分着手ノ儀」である。その趣旨は琉球藩処分の実施を訴えることを目的としているものであるが、

・今般清国との談判の結果、台湾への出兵は清国より「義挙」と認められ、受害難民のために清国が撫恤銀《ぶじゅつぎん》を差しだすこととなったのは、琉球が日本の版図である実跡を示した。

・台湾への出兵には、琉球難民の保護のため実行したやむをえざる義務として巨万の金額を費消しており、この趣意を藩王は深く拝戴し、早々に上京してその恩義を奉謝することは当然のことである。

と、その具体的理由を示したうえで、藩王は謝恩のために上京すべきであると断じた。そして、これまでも藩王の来朝はなく、万一側近に上京を託すようであれば譴責《けんせき》のほかにはないと、藩王自身による謝恩上京を求めた。すなわち、琉球藩の処分過程において、藩王自身による上京問題が言及されてくることになったのであり、その第一段階として琉球藩吏を上京させ、詳しく説諭を加えることで、本格的な処分に着手することとなる。ただ清国関係に関することは、

追って伺い出ることとされた。

一方、今回の日清交渉過程を清国側からみれば、海防の不備と、近代的国際関係に対する伝統的な版図支配の脆弱さに気づかされたことが大きく、このままでは日本による万国公法《ばんこくこうほう》と軍事力を背景にした「蕃地」における実効支配に、有効に対処しきれないことが明らかになった。そしてその不備と脆弱性をカバーする努力はおもに朝鮮と台湾に向けられ、琉球については保留された。

## ②—琉球廃藩・沖縄置県

### 進貢使派遣

一八七四(明治七)年十月、琉球藩《りゅうきゅうはん》は、清《しん》国へ進貢使《しんこうし》▲を派遣した。翌一八七五(明治八)年三月、進貢使一行は北京《ペキン》に到着する。その風聞を受けた北京駐《ちゅう》箚《さつ》臨時代理公使鄭永寧《ていえいねい》は、公使館員にそれを調査させ、進貢使の北京着を確信した。鄭は総理衙門《そうりがもん》に対し、進貢使を日本公使館に出頭させることを求めた。これが断わられると進貢使との会談を申し入れたが、その要望も拒否された。これを機に、日本政府は琉球と清国との関係断絶へ向けた方策へと、完全に切り替わる。すなわち、外務省的漸進策からの全面的方針転換である。これを清国側からみるならば、日本が日琉の関係を一方的に朝貢《ちょうこう》▲—冊封《さくほう》の関係に再構築するようにみえ、琉球を含めた周辺諸国・地域と朝貢—冊封関係を伝統的に構成し維持してきた清国にとって、琉球を日本のみが囲い込もうとするあり方は、当然許されるはずもなかった。

進貢使が派遣されたのと同じ頃、内務卿《ないむきょう》の大久保利通《おおくぼとしみち》は、三司官《さんしかん》一人と与那《よな》

▼**進貢使**　琉球から明・清へ派遣される使者。琉球では約三〇〇人で二隻の船に分乗し、皇帝へささげる表《ひょう》と貢物《みつぎもの》を携え赴き、二年に一回のペースで行われた。

▼**朝貢**　中国王朝がとった宗族《そうぞく》関係による前近代的政治儀礼。藩《はん》属《ぞく》国の長または使節が中国皇帝に朝見《ちょうけん》し方物《ほうもつ》を献上し、君臣《くんしん》の礼をあらわす。それに対し皇帝より回賜物を給付した。

原《ばる》親方《おやかた》良傑《りょうけつ》(馬兼才《まけんさい》)▲の上京を命じている。それに応じ上京した三司官池城《いけぐすく》親方安規《あんき》(毛有斐《もうゆうひ》)▲、与那原親方らは三月末、内務省において琉球に対する処分方針を伝えられる。それ以降、一カ月以上にわたって会談がもたれたが、池城親方らは自分たちの一存では決めかねるとして、政府の対琉政策を固辞し続けた。

これを受けた大久保は、内務大丞《だいじょう》松田道之《まつだみちゆき》▲を琉球に派遣し、琉球藩との折衝にあたらせることを決める。それと同時に、五月八日付で、琉球藩処分は内外より注視されており、進貢使発遣を黙って見すごすことは国権にもかかわることであり、まして清国関係のことは政府の管掌事項であるとして、次の五項目を伺い出た。

・清国への隔年朝貢および清帝即位の際の慶賀使差遣の差止め
・在福州《ふくしゅう》琉球館を廃止
・藩王《はんおう》代替の際、清国からの冊封使《さっぽうし》受入れの差止め
・謝恩《しゃおん》として尚泰を上京させ、藩政改革のための官員を派出させること
・今後清国との関係は外務省にて引き受けること

翌九日、琉球と清国との関係は日清両国の交際上に影響するもっとも重大案件

**▼与那原良傑(馬兼才)**　生没年不詳。琉球の官僚。一八五〇(嘉《か》永《えい》三)年の江戸上りの際、楽童子《がくどうじ》として参加。一八七三(明治六)年には年頭慶賀使として上京。以来、政府との交渉にあたる。

**▼池城安規(毛有斐)**　一八二九〜七七。琉球の官僚。三司官の一人として上京し、日本政府の琉球処分に対処した。一八七六(明治九)年に退京を命じられても無視し、日中両属の請願を繰り返した。翌年東京の琉球藩邸にて死去。

**▼松田道之**　一八三九〜八二。明治の官僚。維新後、京都府大参事、内務大丞などを歴任。沖縄県設置政策に傾注する。また地方自治制を推進。沖縄県設置後、東京府知事となるも在職中に病死。

であり、琉球藩の挙動によってはおおいに国権にかかわるため、政府官員を琉球に派出させることを条件に伺《うかがい》のとおりの指示が出された。そして松田の琉球出張が同月十三日に決まり、松田はその準備に追われることになる。

松田は二十九日、内務卿に処分着手の伺を提出する。伺には藩王に関する条項が七条を占めている。そのなかには、琉球人民の忠誠の方向を藩王止まりではなく、藩王をへて天皇に向けさせる方策と、天皇から琉球人民のために藩王をおくとする認識がうかがえる。この条項は、琉球藩制の改革を府県同一の制度にすることを目的としており、琉球の官名を改め、日本風に勅奏判《ちょくそうはん》▲の階級を立てて、藩制の体裁をととのえることを伺い出ているものであった。しかしこれまで実施された外務省の琉球処分政策は、内務省によるそれを強く制約することになる。そして琉球藩上層部および士族は、一部を除き、日本政府の意図とは逆方向へと態度を硬化させていく。

この時期は、府県の統廃合による区画変更と、府県数の減少がはかられていた。琉球に対する処分着手の伺は、そのような状況と必ずしも無関係ではないが、琉球の県境は、そのまま国境(陸地ではなく海上に引かれる)へとつながる実

▼**勅奏判**　勅任官《ちょくにんかん》・奏任官《そうにんかん》・判《はん》任官《にんかん》のこと。勅任官は親任官と高等官一等・二等を、奏任官は高等官三等以下九等までの高等官を、判任官は八等出仕以下の官吏をさす。

**与那原良傑**(『琉球見聞録』)

**松田道之**(『琉球見聞録』)

今帰仁朝敷(『琉球見聞録』)

▼**今帰仁朝敷**　一八四七〜一九一五。泰の弟。童名《わらびなぁ》は思樽金《うむたるがね》。はじめ具志川《ぐしかわ》王子を名乗り、のちに転封《てんぽう》され今帰仁王子と称した。



態が優先される。内務省では、これと並行して、大久保ほかの同省官員による与那原親方らへの説諭が繰り返されていたが、処分着手の伺作成に、説諭の過程、つまり内務省と琉球藩官員との交渉を通じてえられた結果が反映された形跡はない。内務省は、琉球問題に対して、一方で琉球藩官員の要望を聞きおきながら、他方において難治県の状況を照射しつつ伺を作成していた。その過程において、とくに藩王に関しては、天皇の臣であり皇室の藩屛《はんぺい》の任にもあるから、人民を統撫する任を天皇から受けた者である、との規定を明示することで政府の意志を示している。他方では、そのような存在である藩王を上京させることが琉球藩処分の目的としながら、同時にもっとも難事であるとも認識している。

## 松田道之の第一次琉球出張

一八七五(明治八)年七月十日、松田は琉球に到着し、すぐさま琉球側との折衝に入った。十四日、随員の内務省六等出仕《ろくとうしゅっし》伊地知貞馨《いじちさだか》ほかの内務省官員とともに首里城《しゅりじょう》に入城した松田は、藩王代聴人《だいちょうにん》今帰仁王子《なきじんおうじ》朝敷《ちょうふ》▲(泰の弟、尚弼《しょうひつ》)、摂政《せっせい》伊江王子朝直《ちょうちょく》および三司官に対し、藩王謝恩上京について、もし藩王が病により急の快復がない事実があれば、その証拠として医員の診察証書をそえたうえで藩王上京の暫時延期をし、とりあえずは今帰仁王子を上京させるなどの旨を記した書面を自分に差しだすべきであると通告した。また藩王が二〇日ないし三〇日間で快復するようであれば、今帰仁王子が上京するにはおよばず、藩王の快復しだい上京すべきだが、もし五〇日間ないし一〇〇日でも癒えないような病況であれば、今帰仁王子上京の手続きを行うよう指示した。さらに、

・清国への隔年朝貢および清帝即位の際の慶賀使差遣の差止め
・藩王代替の際、清国からの冊封使受入れの差止め
・藩内一般に明治の年号を使用すること
・刑法定律取調べのため両三人を上京させること
・藩制の改革
・学事修業・時情通知のため上、少壮者を一〇人ほど上京させること

を通達し、これに加え、

・在福州琉球館の廃止

▼**達書**　書面でもって令達される官庁からの通達書。

・謝恩として尚泰を上京させること
・琉球に鎮台《ちんだい》分営をおくこと
の説明を加え、正式に達書《たっしがき》▲をもって通告し、すみやかな遵奉《じゅんぽう》を求めた。

このなかで松田がもっとも重視していたのは、清国との関係謝絶のことであった。この前年、琉球が清国へ進貢使を派遣したことが大きく影響している。これに対し琉球側は、執拗《しつよう》に現状維持の歎願を繰り返し、婉曲《えんきょく》に引き延ばしをはかることになる。

なお、松田ら内務省官員の折衝相手は、藩王である泰ではなく、摂政および三司官らの琉球藩上層部であった。こうしたなかで九月九日、琉球藩王尚泰名で松田宛に書面が提出された。その内容は、清国との関係清算については従来どおりを願い出たが採用されず、しかしそれをそのまま受け容れては藩中の人心もおだやかではないので、藩吏から人選したうえで、藩王である自分の委任を付与して上京させ、今一度政府へ申し上げたいとするものだった。泰が交渉の前面に出ることはなく、書面回答も多くは琉球藩吏名で提出されているなかで、松田は、藩王名にて出されたこの書面を重視した。松田の認識は、藩内において、七月の達への対処をめぐり紛糾しているが、藩王が自分に書面をもってこのような意思を表明した以上、日本政府の命令を遵奉せざるをえず、また政府が琉球の歎願を聞き入れないであろうことはまちがいなく、藩王がすでにこの書面を自分に送付した以上、命令を遵奉したものととらえた。このような視点から、松田は、今後琉球藩官員がどのような言動をとっても効力を有しないとの判断をくだした。そして同日、泰に対して、藩王委任の藩吏を自分とともに上京させること、征台謝恩の藩王名代として今帰仁王子、および刑法取調べの藩吏、学事修業時情通知の生徒をすみやかに上京させるようにうながした。しかし、それが日清関係にいかなる緊張をもたらすかという認識は、松田には稀薄であった。

約二カ月にわたる琉球滞在中、ほとんど毎日のように琉球側と折衝し、琉球藩の対応を身をもって体験した松田は、九月十一日、三司官の池城親方、随従の与那原親方、鎖之側《さすのそば》▲の幸地親雲上《こうちぺーちん》朝常《ちょうじょう》(向徳宏《しょうとくこう》)▲、喜屋武《きゃん》親雲上、内間《うちま》親雲上朝直《ちょうちょく》、親里《おやざと》親雲上盛英《せいえい》ほかの琉球藩官員をつれて帰京し、二十七日、太政《だじょう》大臣三条実美《だいじんさんじょうさねとみ》に復命書を提出した。そのなかで松田は、琉球藩内の状況を、

▼**鎖之側**　琉球における外交、文教などを担当する役所で、その長官もまた鎖之側と称した。

▼**幸地朝常(向徳宏)**　生没年不詳。琉球の官吏、政治運動家。政府の琉球処分に反対し、一八七六(明治九)年林世功ほかを従え清へ脱出し、琉球館を拠点に活動。沖縄に帰ることなく清で客死。

**幸地朝常**(『琉球見聞録』)

(1)日本政府に恩義があるとする一派、(2)清国に恩義があるとする一派、(3)日本政府の命をすみやかに遵奉すると清国に対し信義がつきてしまうため、一度藩吏を上京させ政府に歎願を行い、それが聴許をえなければ、改めて内外に対して遵奉を説明せんとする一派の三派があると報告した。

　二十九日、内務卿の大久保は、松田と伊地知より琉球における応接の顚末について報告を受ける。その報告は十月八日、大久保が三条に対して示した、すみやかに断固とした処分の指揮を祈望することにつながる。このような強硬な態度をとれたことの基礎には、前述した松田らの分析がある。大久保は、琉球藩の大多数は程度の差こそあれ遵奉やむなしとする意向であり、発生する摩擦を最小限に押さえれば、日本政府側の意図する琉球藩の処分は比較的容易に達成できる、と判断していた。つまり、上京中の琉球藩官員が九月九日付尚泰書面に背くような行動をとった場合、これを取り締まることは、同書面に示された藩王の意図にそうものと判断したのであり、藩王の権威を有効に利用したのである。藩王の実際の意図がどうあれ、日本政府は処分を遂行するうえで藩王の存在と権威を不可欠のものとしていた。そして最終的には近世的な藩王から

▼**木梨精一郎**　一八四五〜一九一〇。明治の政治家。維新後、一八七二(明治五)年に陸軍少丞となるも内務省に転じ、その後は地方官を歴任する。一八九六(明治二十九)年男爵《だんしゃく》となる。

▼**伊計親雲上(蔡大鼎)**　一八二三〜?。一八七二(明治五)年、進貢使を経験し、七六(同九)年には尚泰の密使として渡清。以降、清に琉球の窮状を訴え続ける。清で客死。漢詩集『閩山游草《びんざんゆうそう》』『続閩山游草』『北燕《ほくえん》游草』などを残す。

近代的な華族へ転化することを目的としていた。

## 清国に対する臣礼謝絶の儀

一八七六(明治九)年五月、琉球在勤を命じられた内務少丞《しょうじょう》木梨精一郎《きなしせいいちろう》▲は、七月三十一日、首里城において「清国に対する臣礼謝絶の儀」を藩王代聴人今帰仁王子に通達した。この通達に琉球藩は大きく狼狽する。泰自身は、政府の命令を遵奉するほうが琉球の社稷《しゃしょく》が維持できるのではないかと、遵奉の使者を送ろうとしたこともあったが、それは藩内多数の反対で取りやめとなり、琉球藩吏を東京に派遣し、日本政府と交渉をさせた経緯があった。それでも対応が変わらないことをみて、同年十二月、泰は、物奉行《ものぶぎょう》幸地親方・伊計《いけい》親雲上(蔡大鼎《さいたいけい》▲)・名城里之主《なあぐしくさとぬし》(林世功《りんせいこう》▲)ほかを密かに清国福州に遣わし、閩浙総督《びんせつそうとく》何璟《かけい》・福《ふっ》建巡撫《けんじゅんぶ》丁日昌《ていにちしょう》へ密書を提出し、琉球の情勢を陳情させた。何と丁の両人は幸地らの訴えを受け、翌一八七七(明治十)年六月二十四日、皇帝に上奏《じょうそう》する。ただ両人の上奏は、表向きには朝貢関係を維持するために万国公法《ばんこくこうほう》に依拠するもので、琉球を積極的に救援するものではなかった。また彼らは万国公法を、従

▼**名城里之主(林世功)**　一八四二〜八〇。琉球の政治家。唐名《とうな》の林世功が著名。一八七六(明治九)年尚泰の密使として渡清。以降、清に琉球の窮状を訴え続けるも、日清間で分島改約案が検討されていることを知り絶望、北京で自決。

**二千円札に描かれた守礼門**

来の清国の属国を守る「公道」としてしか認識しえなかった。ただ、これにより琉球のおかれた状況を清国要路が知るところとなり、光緒帝より二品頂戴翰《にほんちょうだいかん》林院侍講《りんいんじこう》何如璋《かじょしょう》▲に、日本との交渉を命じる上諭がくだされる。

一八七八(明治十一)年、何は来日すると琉球藩邸からこれまでの状況を聴取した。九月には外務省を訪れ、これまでの琉球施策に対して厳重抗議を行った。これ以降、書面でのやりとりが行われるが、十一月二十一日、外務卿寺島宗則《てらしまむねのり》▲は本邦《ほんぽう》駐箚清国特命全権大使何如璋・同副使張斯桂《ちょうしけい》に対し、九月十二日付何・張書翰に対する質問状を送付した。それは、日本が琉球の進貢・冊封の禁令を発したことに対し、

・日本は堂々たる大国でありながら隣交に背き弱国をあざむくような「不信不義無情無理」を行っている。
・琉球を欺攫《ぎかく》し、かってに旧章を改めている。
・条約を破棄し、小国を圧制している。

などの文言があるが、わが政府に向かいこのような「暴言」を発するのは、隣交を重んじ友誼をおさめる道だろうか、と強く非難し、これに対する回答を求め

▼**何如璋**　一八三八〜九一。清国の初代駐日公使。李鴻章に認められ、駐日公使として一八七七(明治十)年末から三年間にわたり日清間の外交問題に直面。清の主権擁護に尽力した。

▼**寺島宗則**　一八三二〜九三。明治の政治家、外交官。維新後は外務省の整備充実に尽力。一八七三(明治六)年参議兼外務卿に就任すると懸案の条約改正問題に着手し、実績をあげる。その後元老院議長、枢密院《すうみついん》副議長などの要職を歴任した。

るものであった。何はこれには直接応じず、琉球問題について交渉継続を求めたが、交渉は決裂した。

同年五月二十九日、何は直隷総督兼北洋通商大臣《ちょくれいそうとくけんほくようつうしょうだいじん》李鴻章《りこうしょう》に対し、日本とのあいだに戦端を開くようなことになろうとも、この件に対する積極的な対応を求めている。また、琉球の次は朝鮮が日本の影響下におかれるだろうとも伝えている。しかし、日清修好条規《にっしんしゅうこうじょうき》路線をとる李は同調しなかった。朝貢—冊封体制の連鎖的な崩壊を危惧していた何に対して、李は個別的な対応で処理しようとするものと判断していた。琉球所属問題に日清両国とも有効的手段がとれなかったのは、琉球の歴史的かつ現在的存在の意味を把握していなかったこと、および琉球の意向を積極的にくみとろうとせず、施策に反映することができなかったことにある。

政府間交渉と並行して法司官《ほうしかん》▲富川《とみかわ》親方盛奎《せいけい》(毛鳳来《もうほうらい》)▲・与那原親方は、オランダ・アメリカ・フランスの各駐日公使に対し「小国琉球」の危機を訴えるとともに、進貢・冊封禁止措置の撤回を日本政府に勧告するよう請願書を提出し、問題の国際化をはかった。ちなみに、これらの三カ国は、幕末《ばくまつ》に琉球が条約を

▼**法司官**　三司官の別称。

▼**富川盛奎(毛鳳来)**　一八三二〜九〇。琉球の政治家、歌人。一八七五(明治八)年に三司官に就任する。県設置後、沖縄県庁の顧問となり、沖縄県に協力したが、分島改約案に反対して、清国へ脱出。琉球復旧を陳情し続けた。

**富川盛奎**(『琉球見聞録』)

締結した国であるが、琉球問題に関し日本に干渉することはなかった。そのためこれ以降、請願書の宛先を清国の政府および要路者に限定し、琉球存続の望みを清国に託すことになる。

## 琉球藩処分案

松田の二度目の琉球出張は、一八七九(明治十二)年に入ってからである。その間に上京中の琉球藩官員への説諭や、在琉球の内務省出張所における折衝と並行して、警察・裁判両事務の内務省出張所への引継ぎ、陸軍兵営建設などが着実に進められていた。その一方で、大蔵省《おおくらしょう》官員竹添進一郎《たけぞえしんいちろう》▲が一八七八(明治十一)年四月より清国に派遣されていた。この時期、清国はロシアとのあいだで伊犁《いり》▲地域の所属をめぐる問題の外交的・軍事的比重が大きく、琉球問題にはなかなか目が行き届かなかった。清国滞在中、竹添は大蔵卿大隈重信《おおくましげのぶ》・内務卿伊藤博文《いとうひろぶみ》に対し、清国要路の対日観、対日姿勢などを数回にわたり報告している。

また内務省では、内務大書記官《だいしょきかん》となった松田らによって、「琉球藩処分案」が

▼**竹添進一郎**　一八四二〜一九一七。明治の外交官、漢学者《かんがくしゃ》。維新後は大蔵省、外務省に出仕する。一八八〇(明治十三)年天津領事、翌々年朝鮮国弁理公使《べんりこうし》となり八四(同十七)年の甲申政変《こうしんせいへん》に深く関与した。

▼**伊犁地域**　現在の中華人民共和国新疆ウイグル自治区の北部に位置し、歴史的に清露の係争の地であった。一八八一(明治十四)年締結された条約によって同地域は清に返還された。

練られていた。この案は具体的手順を示す条項の前に、「処分ノ状況ノ大略」「処分ノ結果ノ大略」「適当スヘキ処分ノ方法」という、琉球藩処分の実用性を説く前文をおく。「処分ノ状況ノ大略」には、過去から現在までの琉球士族・人民の概略が述べられ、とくに「藩王ノ尊信」ぶりに力点がおかれており、その存在の大きさが強調されている。次の「処分ノ結果ノ大略」においては、処分直後は琉球が大きく狼狽するであろうこと、平民《へいみん》が無学なため行政を不平士族《ふへいしぞく》が媒介するので、まるで盗人に鍵をあずけているような状態で、内地の廃藩置県《はいはんちけん》のように容易にはいかないだろうことを説く。それらをふまえて「適当スヘキ処分ノ方法」において、

・目的を達するために一時的に厳酷なる処分を行ったとしても、だいたいの条理に背かない以上は断じて施行する理がある。
・琉球藩は万国公法中の「隷属《れいぞく》ノ国」ではなく、純然たる内国の一藩地《はんち》であり、たとえば対馬《つしま》と同じようなものである。
・琉球藩は、副島種臣《そえじまたねおみ》外務卿による琉球の国体・政体永久不変更発言を金科玉条としており、それに対処するためにも適当な道理と口実とが必要であ

るが、それには同藩が、一八七五(明治八)年の同藩への達以降の政府命令を遵奉しないのみならず、在日清国公使に密訴している事件などが変革を実施する道理、名義となる。

と処分実施の名目を構成し、藩王の東京居住の要を説いた。しかし、

・藩王の東京居住のことは得失相半ばしており、藩王を琉球からつれだせば、それを拒む藩内で相当にもめて、結果、武力をもって連行せざるをえなくなるため、廃藩置県ののちも、藩王は首里城を退去させ別荘に住居させることにとどめておく。

・藩王が県治を妨害する行動を起こすようなことがあれば、時をまたず断然厳酷の処置をもって東京に居住させても遅くはないので、まず最初は藩王へ東京居住を命じ、種々の歎願によって当分沖縄滞住を許すような順序をとり、居城退去および別荘への居住を行っても妥当である。

との判断から、必ずしも藩王を上京させることが上策とはつながらず、譲歩する方策を考慮するまでにいたっている。

次に具体的に一四カ条にわたって、処分手順を説き、末に琉球歳入出概算を

付した。なお第二条で、処分の手順が整いしだい、廃藩置県の御達あるべきことを宣するが、新しい県名に琉球県と沖縄県とが併記されており、この段階では新県名が決まってはいない。

一八七八年十二月二十七日、松田に対し琉球藩出張の沙汰がくだった。同日、在京の琉球藩官員に対しては、これより東京在番を廃止するので、早々に帰藩するよう命ぜられた。翌年一月になると富川親方・与那原親方・大宜見《おおぎみ》親方・小禄《おろく》親方・喜屋武親方・伊江《いえ》親雲上は、連名で内務卿に対し、東京在番の廃止および琉球藩官員の帰藩に反対の意を示した。しかし、松田は大隈と協議のうえこれを拒絶、同日付で富川らに対し早急な帰藩を命じた。このことは、琉球藩処分の貫徹という日本政府の意志を明らかにしたものであり、藩王上京問題を含めて、政府の意向を貫徹する方式が固まった。

## 松田道之の第二次琉球出張

翌一八七九(明治十二)年一月、松田は二度目の琉球出張に備え、琉球処分実施に関して、閣内に伊藤・右《う》大臣岩倉具視《いわくらともみ》▲の「整ふる主義」、大隈・井上馨《かおる》の

▼**岩倉具視**　一八二五〜八三。幕末の公家《くげ》、明治の政治家。堀河《ほりかわ》康親《やすちか》の子。維新後、要職を歴任し特命全権大使として米欧各国を視察する。西郷隆盛《さいごうたかもり》の朝鮮派遣に反対し、また自由民権《じゆうみんけん》運動に対抗し欽定《きんてい》憲法を構想、皇室基盤の強化をはかる。

「破るの主義」および寺島・司法卿大木喬任《おおきたかとう》による「中間の主義」があることを伊藤に指摘している。処分遂行にあたって閣内が必ずしも一致しているとはいえなかった。松田は一月二十五日琉球に着き、翌二十六日、早速首里城にて一月八日付藩王宛三条太政大臣達書（一八七五〈明治八〉年五月二十九日をもって清国との朝貢関係の廃止、および七六〈同九〉年五月から裁判官をおき裁判事務を引き継ぐことを拒絶したことに対する督責）、および前回出張で明確にした政府の意向の遵奉をうながした。そして、今回来琉の決答期限は二月三日午前十時までで、それまでに決答ない場合は遵奉なきものと認め、その旨復命するとする藩王宛の書面を、藩王代理今帰仁王子へ早々に渡している。様子見的意味合いのあった前回に比して、より強硬な態度で臨んでいる。これに対し、担当者の病気などの理由による遅延、および歎願を繰り返した琉球藩は、催促期限日とされた二月三日、藩王尚泰名で、さきの太政大臣達書を拒否する書面を提出した。

十三日帰京した松田は、翌十四日、三条に復命書を提出して、そのなかで琉球藩との折衝具合を述べたのち、同藩が政府命令を遵奉しない背景に、「或ル門家」の存在をうかがわせている。そして効果的な処分遂行のためにも、みずからも作成にかかわった「琉球藩処分案」の実施を要望している。松田は「琉球藩処分案」において、東京滞在の琉球藩官員による駐日清国公使ほか各国公使への密告行動などを琉球藩の罪として数え、断固として廃藩置県および藩王東京居住などの処分の必要性を力説した。そして、「或ル門家」が外国公使であろうが、国内の反琉球処分勢力であろうが、そのような存在が将来もたらすであろう問題の芽をつみとるためにも、「琉球藩処分案」どおりのすみやかなる処分を訴えたのである。

三月に元老院《げんろういん》議官宍戸《しし ど》璣《たまき》▲が清国駐劄特命全権公使に任じられ、清国総理衙門と駐清日本公使館とのあいだで本格的交渉が開始された。十一日、参議《さんぎ》兼外務卿寺島宗則は伊藤に対し、宍戸の清国への出発期日を知らせており、政府としても、それまでには琉球の廃藩置県を片づけておきたい意向があった。それを終えたのち、宍戸の対清交渉は、琉球を日本専属とする領土交渉のみではなく、将来の欧米諸国との条約改正をにらんだ日清修好条規の改訂に向けた交渉へと変化していくことになる。

▼**宍戸璣**　一八二九〜一九〇一。明治の政治家。維新後、山口藩権大参事、司法大輔、元老院議官など を歴任し、のち、貴族院《きぞくいん》議員、子爵《ししゃく》となる。

## 廃藩置県宣言

松田は同年三月、三度目の琉球出張を行い、最終的には警察官一六〇余人、熊本鎮台▲から沖縄分遣隊四〇〇余人を含む軍隊の威光も背景の一つとしながら、三月二十七日琉球藩を廃し、沖縄県を設置する旨を布達した。それとともに首里城の接収、事務引継ぎも開始されることとなり、泰の退去期限は三十一日正午とされた。その際、城外持出しについては、泰の私有物については概ね持出しが認められたが、旧首里政府(=旧琉球藩庁)の関係書類はただちに封印された。

泰は、退去期限より早く二十九日の午後九時、駕《かご》に乗り家族とともに首里城を出て、近接する中城《なかぐすく》御殿《うどぅん》▲に移った。今帰仁王子ほか約一〇〇〇人が供奉《ぐぶ》した。結果としては、政府の意向どおり行われ、行政機構としての琉球藩はその機能を終え、藩政府を構成する藩王をはじめ、三七八人の有禄者と一七〇〇余人におよぶ大小の諸役所士族がその地位を退き、藩王は華族《かぞく》として、また士族はあらたに県官として任命された。それを不服とする旧琉球士族の反感と不満は、沖縄県(=日本政府)への反抗、および不服従・非協力の運動へと発展して

▼**熊本鎮台**　鎮西《ちんぜい》鎮台の後身。一八七三(明治六)年から八八(同二十一)年まで、熊本におかれた日本陸軍の部隊。当時全国に六つあった鎮台の一つとして設けられ、第六軍管を管轄した。

▼**中城御殿**　琉球王の世子中城王子の邸宅。一八七五(明治八)年に世子殿が龍潭《りゅうたん》の北側に移転すると、跡地は「下の《しむぬ》薬園《やくえん》」となり、沖縄戦後には、首里高等学校がおかれた。

中城御殿

首里城の正門前に並ぶ政府軍の兵士

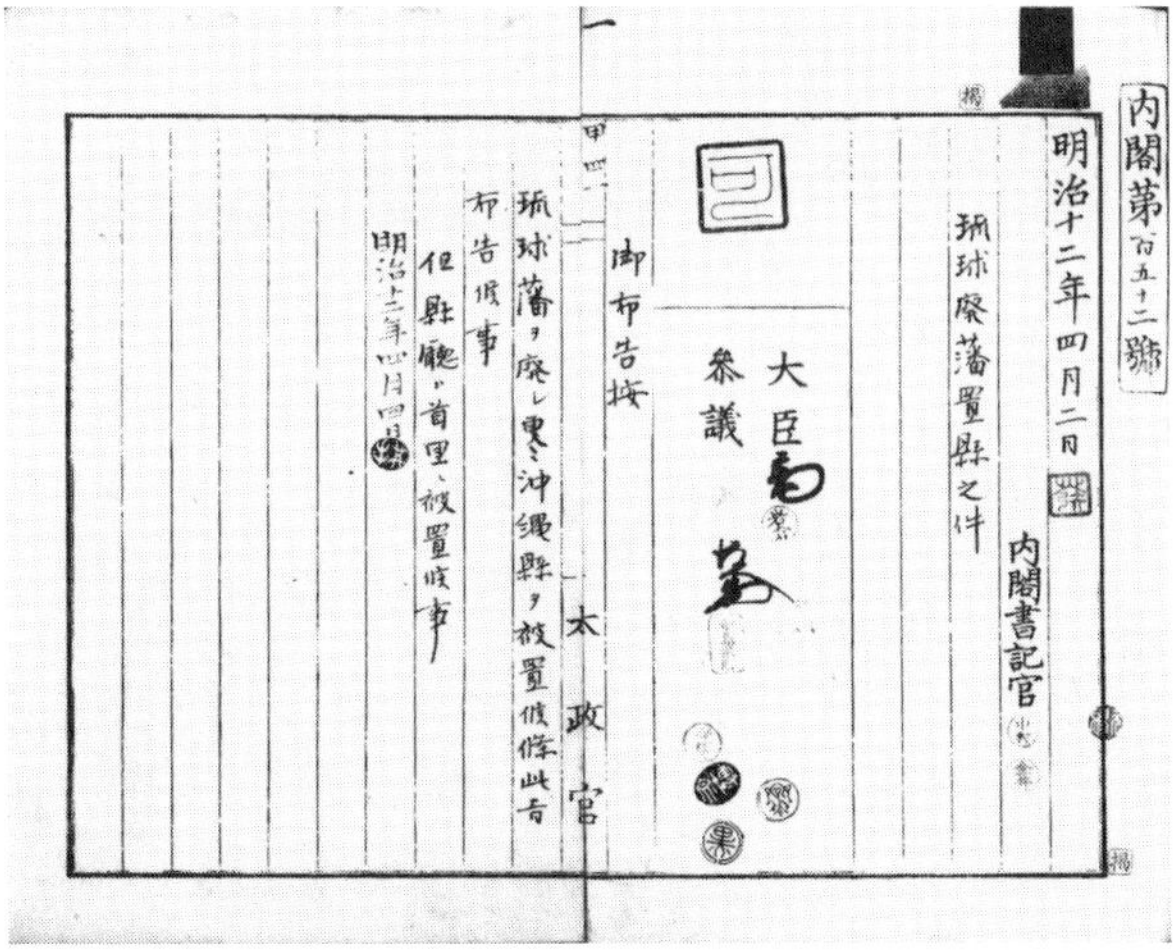
内閣第百五十二號

明治十二年四月二日

琉球廢藩置縣之件

内閣書記官

大臣

参議

御布告按

琉球藩ヲ廢シ更ニ沖縄縣ヲ被置候條此旨

布告候事

但縣廳ハ首里ヘ被置候事

明治十二年四月四日

太政官

「琉球藩ヲ廃シ沖縄県ヲ設置」する布告按

いく。藩王問題もその例外ではなかった。四月八日、参議兼工部卿井上馨は内務卿伊藤博文に対し、沖縄県新置に対し各方面からの批判が伏在していることを伝え、注意をうながしている。

沖縄県設置前後から琉球分割(分島・改約)条約交渉の頃まで、琉球および琉球処分をめぐっては、処分論・非処分論のみならず、討伐論、放棄論、自治論、独立論などなど、さまざまな見解が在野でも発表されていた。つまり、朝野を問わず、琉球をいかにするかにつき、さまざまなとらえ方があり、琉球藩を廃し新県をおく政策に対し、大方は可とするも、その実施のあり方がまとまっていたわけではなかった。そもそも幕末・維新《いしん》期まで琉球の存在、というより、日本と琉球との関係が一般にはよく知られてはおらず、突然あらわれた「肉親」に戸惑い、その接し方がわからなかったのではないだろうか。

## 「脱清人」の活動

四月二十五日、宍戸は琉球案件の照会書を総理衙門に送り、この件に関する日清交渉を始めた。五月十日、はじめて総理衙門より「球案」の照会書がよせられた。それは沖縄置県は日清修好条規に違反するのみならず、琉球の社稷をたつものであるとして、「廃球」の停止を訴えるものであった。これを日本は当初、領土問題とのみ理解していたが、伝統的中華体制の維持を重視する清国は、領土の大小いかんにかかわらず、琉球の存続を希望していた。なお、この交渉と並行するように、のちに「脱清《だっしん》人▲」と呼称される琉球人(=脱琉渡清琉球人)による清国要路への働きかけも続けられていた。さきに藩王尚泰の命により渡清していた幸地朝常は、七月、李鴻章に宛て二通の請願書を提出し、廃された琉球の救国・復国のため、問罪の師を日本に派遣することを訴えた。これ以降、一八八五(明治十八)年七月までに、清国要路に宛て三〇通ほどの請願書が提出されていることが確認されるが、その内容にほとんど変更はない。これ以前に日本の政府要路へ提出されていた請願書が、基本的には琉清関係の維持と日清両属の存続を希望していたのに対し、脱琉渡清琉球人の請願は、両属関係を前提とした復旧構想からさらに構想を進め、日本からの離脱の意志までも表明し、清国との連繫を強めていた。

　着地点を見出せない日清交渉は、折から旅行中の前アメリカ大統領ユリシ

▼**脱清人**　琉球の存続を危惧し、非合法に清に脱出して、宗主国《そうしゅこく》である清国にて琉球救援運動に従事した琉球人。国頭盛乗《くにがみせいじょう》(毛精長《もうせいちょう》)や幸地朝常(向徳宏)らが代表的である。

ス＝シンプソン＝グラント▲により打開がはかられた。五月、グラントは清国にて総理各国事務和碩恭親王奕訢《わせききょうしんのうえききん》、また李鴻章より調停を依頼される。翌月来日したグラントは、八月十日、浜離宮《はまりきゅう》▲にて明治天皇に拝謁し、清国における琉球諸島分割構想を紹介した。また日本政府の内見をえた書翰を恭親王・李鴻章に送り、両国に交渉を提議した。これを契機として、宍戸と総理衙門とのあいだで、琉球問題解決に向け面談または照会文などの往来が頻発することになる。

## 分島改約交渉

九月、外務卿に就任した井上馨は、日清修好条規改正を念頭におき、グラント提案を手がかりにして、翌一八八〇（明治十三）年三月、清国で日本にも西洋各国と同様の通商権を要求すると同時に、宮古《みやこ》・八重山《やえやま》諸島を清国に割譲する内容の「弁法」を太政大臣宛に提出した。それとほぼ同じ頃、大蔵少書記官竹添進一郎を清国天津在勤領事《てんしんざいきんりょうじ》として再度派遣し、李鴻章と会談させた。竹添との会談の際、李鴻章は、何如璋から上陳された書翰を示した。その内容は、琉

▼**グラント**　一八二二～八五。アメリカ十八代大統領。オハイオ州生まれ。陸軍士官学校卒。米墨戦争に参加、南北戦争の英雄。共和党から大統領に当選し、在任中に岩倉遣外《けんがい》使節一行を接遇する。引退後、世界漫遊に出発する。

▼**浜離宮**　江戸《えど》時代に甲府《こうふ》藩下《しも》屋敷《やしき》の庭園として造成され、徳川将軍家の別邸浜御殿《はまごてん》となる。維新後、宮内省《くないしょう》管理の離宮として国内外要人接遇の場に使用された。

脱清人

明治天皇とグラント将軍の会見（大久保作次郎画「グラント将軍と御対話」）

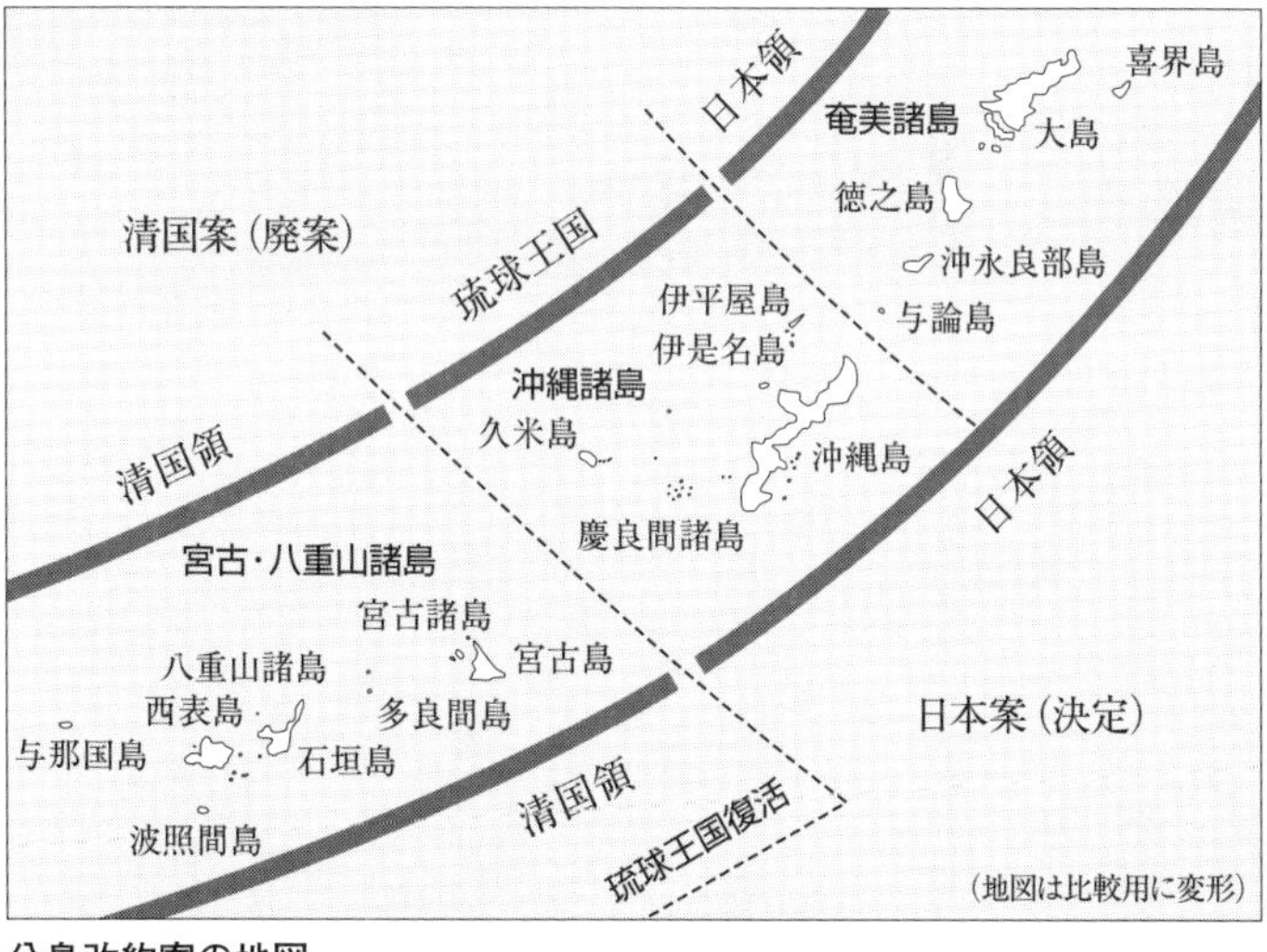

分島改約案の地図

球を三分したうえで、中部は琉球に帰し国を復して君主を立て、南部は台湾に近いため清国に割譲し、北部は薩摩に近いため日本に隷属させるという琉球三分割案を提示したもので、何によれば、駐日アメリカ公使ジョン＝A・ビンハムとグラント前大統領とが熟議した弁法として聞知したものであった。竹添はこれを外務省に報告するとともに、在北京の宍戸にも会談内容を陳述した。日本政府は竹添の報告をビンハムに照会し、グラントの琉球処分案とされるものが虚構であることを確認したうえで、それを宍戸に伝え、また太政官大書記官井上毅《いのうえこわし》▲を清国に派遣した。八月十五日、清国政府は外務卿の井上および宍戸に対し、王文韶《おうぶんしょう》ほかの総理衙門大臣に日本側全権と協商させる旨を通知した。これを受け同月十八日に開かれた第一回協商において、日本側は三月の「弁法」と同内容の「分島改約案」を清国に提示した。

この件に関し、日本政府は、琉球を内政問題として清国の介入を拒み続けていながらも、その琉球を日清両国で分割するという政策を実行しようとしたという矛盾が指摘されることがある。しかし、琉球処分政策自体は、柔軟的対応が求められていた政策でもあった。前述したように、実施のあり方がまとまっ

▼**井上毅**　一八四四〜九五。明治の法制官僚。岩倉具視の随員となり欧米諸国を歴訪。とくにフランスで司法行政を学ぶ。帰国後、臨時官制審査委員長として内閣制度を創設、宮内省にあって明治憲法と皇室典範《こうしつてんぱん》を起草し、枢密院書記官長としてこれらの審議を担当して、立憲制国家の基礎を構築した。

ていたわけではない。だからこそ、その矛盾をかかえながらも、時宜に応じ、かつ国益をふまえて部分的変更をたえず受容することができた。この時は、国家統合という名の領土拡張より、内地通商権・最恵国待遇の獲得という実たる国益が選択されたということなのである。西洋諸国との条約改正交渉をにらみ、日清交渉をすみやかに妥結することの重要性も、十分認識されていた。そのためには縮小した琉球を、泰の子弟の誰かを王に立て、琉球を維持させることさえも検討されていた。

分島改約交渉は、ロシアとのあいだで新疆《しんきょう》伊犁地方の問題をかかえる清国に対し、日本政府の有利に進んだ。十月二十一日、総理衙門において井上毅が列席のもと、「球案専条」「加約」「憑単」が議定され、一〇日後に調印することが決まった。沖縄置県を、日清修好条規に違反しかつ琉球の社稷をたつもの、として反対してきた清国も、泰の王子、もしくは王族を立てて琉球の復旧をかなえ、冊封体制を存続させる方針に切り替えた。すなわち、完全なる復旧は無理としても、冊封関係を存続させることが可能な国際関係を維持する方策を選択したのである。

一〇日後の調印に加え、三カ月以内の批准が決まっていたが、「清流」派の官人、また脱琉渡清琉球人らによる上奏文などにより、清国内では批准をめぐり議論が紛糾した。日本側は調印の督促を総理衙門に迫ったが、十一月十七日、突然、調印拒否を申し出た。竹添は、清国政府が政策を変更したこと、それには李鴻章より横やりが入ったためだと推察できる、と外務卿の井上に報告した。宍戸は最終的に、破約は清国側に責任があると通告し、翌年一月二十日、北京を去り帰国した。宍戸の帰国を外務卿の井上は好機会ととらえ、伊藤に対し、規模を縮小した形での琉球の存続を許すなどの譲歩をしてでも、分島を梃子《てこ》にした改約条約締結の可能性を打診し、探り続けた。実際、清国との交渉の過程で、日本政府から、琉球の領域を縮小し、尚家の血統を受け継ぐ者を王に立て、琉球の存続をはかろうとしたこともあった。しかし、この時点では清国は積極的な対応をとらなかった。結局、それが現在にまでいたっているといえよう。

尚典(『琉球見聞録』)

## ③—上京への流れ

### 尚泰への上京命令

一八七九(明治十二)年三月十一日、太政大臣《だじょうだいじん》三条実美《さんじょうさねとみ》より泰へは至急上京が命ぜられ、伊江王子《いえおうじ》朝直《ちょうちょく》(尚健《しょうけん》)・具志川《ぐしかわ》王子(のち、今帰仁《なきじん》王子)朝敷《ちょうふ》(尚弼《しょうひつ》)へは特賜をもって華族《かぞく》に列すると旨の達書《たっしがき》が出されている。同日、旧首里《しゅり》政府では藩王《はんおう》の上京延期願のため、中城《なかぐすく》王子尚典《しょうてん》の上京の伺《うかがい》を提出した。これを受け二十七日、処分官内務大書記官《ないむだいしょきかん》松田道之《まつだみちゆき》・沖縄県令《けんれい》心得《こころえ》内務少書記官木《き》梨精一郎《なしせいいちろう》連名にて、やむをえざる状況のため今般の処分となったが、旧藩王および一家一族は優遇される旨の告諭《こくゆ》を出した。これに対し翌二十八日、尚健以下五二人の王族《おうぞく》・士族《しぞく》は、琉球《りゅうきゅう》の特殊事情を考慮のうえでの廃藩《はいはん》免除を歎願する。しかし、松田はこれを厳しく斥けた。

その一方で、日本政府でも藩王上京に向けた動きが着々と進められていた。四月一日、在京の伊藤博文《いとうひろぶみ》は在首里の松田に対し、藩王が出発するまでは懸念もあるため、海軍へも相談のうえで軍艦を向かわせ、早急に藩王上京を取りはからう予定である旨を通知している。三日には、海軍卿《かいぐんきょう》川村純義《かわむらすみよし》は伊藤に対し、藩王上京はすみやかなるほうが上策だからと、明治丸（建造はイギリスのグラスゴー）の使用を申し出ている。明治丸は、横浜へ回航された一八七五（明治八）年当初は、当時の工部卿《こうぶきょう》伊藤博文により灯台巡廻船として計画されたが、政府専用船としても使用され、翌七六（同九）年の東北巡幸《じゅんこう》にも用いられた。かなり好待遇といえよう。

廃藩置県《ちけん》を宣言した段階における琉球処分の最優先事項は、清《しん》国との関係問題の処理だと考えられていた。そのため泰が病気を理由に上京を拒絶、または延期するのであれば、清国の介入を招く恐れが多分にあり、それを防ぐためにも勅使および侍医の派遣が検討されていた。

四月五日、天皇は侍従《じじゅう》富小路敬直《とみのこうじひろなお》を内勅使として差し遣わし、泰を慰問しかつ東京へと同行することを命じた。早速、伊藤は松田に富小路侍従の派遣と旧藩王上京の日程などを伝えている。なおこの時点では、ともかく旧藩王を上京させることに重点がおかれ、伊藤・松田双方ともに泰の東京定住にさほどのこだわりをみせていなかった。松田は同日、沖縄現地において、旧藩王上京が容易ではないものと認めつつも、泰に対し書面にて、今月中旬の郵便船で出発することをうながした。松田は中頭《なかがみ》地方への視察に出かけた。そして、一般民衆はいたって平穏であり、紛糾しているのは旧首里政府官吏および士族の一部にとどまると判断した。また、松田は沖縄県御用掛《ごようがかり》三人に、琉球語《しまくとぅば》▲をよく理解するものをそえて一組とし数組を設け、三六の間切《まぎり》▲に派遣して、各間切の人民を鎮撫《ちんぶ》、説諭《せつゆ》せしめている。

　四月十二日、富小路が明治丸で沖縄に着くと、翌十三日、泰が仮居する尚典邸へ赴き、褥中《じょくちゅう》の泰に対し、勅意および宮内卿《くないきょう》徳大寺実則《とくだいじさねつね》の上京命令書を読み上げた。続いて松田が、出発は十八日で富小路らとともに上京するようにうながした。泰は十五日、書面にて上京延期を懇願するとともに、尚健以下二九人の王族・士族が、泰の年来の病気を理由に四、五カ月の延期願を連名で提出した。これに対し、富小路、松田はともにこれを拒否、早急に上京することを重ねて説諭した。この段階に入ると、上京は不可避なものになっていた。旧首里政府側は、延期のための折衝に入る。十六日、今帰仁王子以下三九人は連名で九〇日の延期願を提出する。

▼**琉球語**　日本語と同じ系統語ではあるが、明治以前までの日本《やまとぅ》で話されていた言語と区別する意味において、本書では、琉球語に「しまくとぅば＝島言葉」のふりがなを付す。

▼**間切**　現在の市町村の区域にほぼ相当する琉球の旧行政区画名。琉球処分後も存続していたが、一九〇七(明治四十)年の「沖縄県及島嶼町村制」の公布(翌年施行)により廃止。

## 尚典の上京

このような状況をみた松田は四月十七日、木梨に内意を含ませたうえで、旧首里政府上層部に対し、八〇日の上京猶予を請願するために嫡子典の上京を勧めた。それを受けて十九日には、典が尚泰名の書面を富小路に送付した。それには、(泰は)重病のため旅行はかなわず、また廃藩にあたって人民に説諭などをすることもあり、八〇日間延期願のために嫡子尚典を上京させるとあり、富小路も松田と相談のうえ、これを承諾した。

松田は二十一日には伊藤への報告で、泰を強引に上京させるより嫡子上京を許すほうが都合がよく、藩王を無理に上京させても正統な嫡子が残るのであれば、琉球の人心はこちらに傾き、泰の家族を引き上げさせることが困難であれば、一時的には嫡子を上京させ、泰の上京に備え、明治丸と勅使と医者とを琉球に残したほうがよい、との判断を示し、典を二十五日に勅使同道にて那覇《なは》を出発させることを取り決めた。伊藤も、旧藩王の強引な出京は廃藩の処置をむずかしくすると考えていたので、延期は仕方ないとの意向を示し、沖縄現地での判断を支持している。また沖縄へ派遣された二等警視補園田安賢《そのだやすかた》も、琉球藩処分は旧藩王の首里城退城までは無事に進むであろうが、上京については少々面倒である旨の観察を提出している。

そして風波の落ち着いた二十七日、典は富小路とともに東上し、五月二日、麹町《こうじまち》区富士見《ふじみ》町の宮内省御用邸《ごようてい》（旧木戸孝允《きどたかよし》邸）に到着して、翌三日、天皇に拝謁《はいえつ》した。五日には太政官《だじょうかん》宛に父泰の上京延期願を提出したが拒否され、八日、改めて滞京するように命じられている。その際、尚典は元老院《げんろういん》▲議官の海江田信義《かいえだのぶよし》▲にこの問題について相談しているが、海江田はいかんともしがたい旨を述べ、深く慰撫している。

政府では、泰の上京へ向けたあらたな環境づくりがはかられていた。参議兼《さんぎけん》陸軍卿西郷従道《りくぐんきょうさいごうじゅうどう》は三日、伊藤に対し、陸軍少佐相良《さがら》長発▲の琉球差遣を薦めた。伊藤はその意を受けて、五月六日付で松田に対し、相良を宮内省御用掛として出張させるので、同人に万事相談すること、また相良はかつて琉球に在勤経験があり、旧藩王の知人でもあるので幾分かは疑念も氷解するだろう、と指示し、それと同時に、松田の希望する勅使の琉球再航はむずかしいため、相良をもってこれに替えるということで承知してほしい旨を通知した。泰を強引につれだ

▼**元老院**　明治前期の立法審議機関。一八七五（明治八）年、大阪会議での合意に基づき設置。左院の職掌を引き継ぎ、新法の制定と旧法の改正を議定することを基本的権能とした。帝国議会開設にともない廃止。

▼**海江田信義**　一八三二～一九〇六。幕末～明治の官僚。一八六二（文久《ぶんきゅう》二）年生麦《なまむぎ》村でイギリス人を殺傷。維新後は奈良県知事、貴族院《きぞくいん》議員を歴任。

▼**相良長発**　一八三四～一九〇八。明治の軍人、官僚。西南《せいなん》戦争に功があり、藩王上京説得に松田道之の補佐として、西郷従道、大《おお》山巌《やまいわお》、吉井友実《よしいともざね》らの推薦により渡琉した。

すことを避け、泰が受けるであろう摩擦をより少なくしたのである。

相良は五日、宮内省御用掛兼任を命ぜられ、同日、五等侍医に昇格した医員高階経徳《たかしなつねのり》とともに沖縄出張が命ぜられた。しかしながら、政府部内でこの方策の採用が一致していたわけではない。相良・高階の沖縄出張が決まった後の八日、参議兼工部卿の井上馨は伊藤に対し、今回は廃藩立県《りっけん》までにとどめおき、当分のあいだ旧藩王の在琉を認め、政令・法律などをととのえて徳政《とくせい》をほどこし、琉球の人心を安心させたほうがいいのではないか、と意見した。琉球藩を沖縄県へとすることに成功したあとの処置について、政府部内では統一した施策を打ち出せないでいた。

沖縄現地では別の問題が起きていた。十四日、松田が尚健（伊江王子）・尚弼（今帰仁王子）に対して、華族に列した（三月十一日付にて両人は華族に列せられ、東京住居が命じられている）ので請書を差しだすよう求めたところ、両人はこれを拒否した。廃藩置県後とはいえ、泰の上京が実現していない段階での華族列任を明確に否定したことになる。泰自身は、一八七二（明治五）年九月に華族に列せられている。この時期の華族は族籍の一称であったとはいえ、泰が他（つまり日本本土＝大大和《うふやまと》）の公卿《くぎょう》諸侯《しょこう》とともに新しい族籍のなかに編入されることは、保守的かつ現状維持を要望する旧首里政府上層部にとって、泰と他の公卿諸侯との同列化、とくに島津《しまづ》氏との同列関係を意味し、これまでの経緯からみても望ましいものではなかった。まして泰がそのような情況にあるなかで、他の王族が請書を差しだすことは王家の棟梁たる泰に対しておおいに憚られることであった。

しかし、この時期になると、久米村《くめむら》▲士族とともに反政府士族層の中心をなしていた首里士族も、最早この期にいたっては致し方ないとの判断から、藩王の上京がなければ日本政府の命に従順することには憚りがあるが、上京後であれば県庁の命令に服従しやすくなる、と柔軟な姿勢をとるようになってはいた。その一方で、藩王を日本《やまと》へとつれだされたら、東京着後に帰琉することはできず、また毒殺などにあうことも考えられるため、いかにしても上京はさせられないと苦心している、との情報が、松田のもとにはよせられていた。

また伊藤からは、王子以下の東京滞在中、清国公使館への出入りの監視を警察へ厳重に申しつけていたが、同公使館へ琉球人が来館したとの届け出があっ

▼**久米村**　現在の福建省近辺からの渡来人の末裔が居住する地域。学者、政治家などを多数輩出した。久米村に居住する彼らの子孫は、久米村人《くにんだんちゅ》と呼ばれた。

た旨が、松田のもとに伝えられている。東京においても、在京の旧琉球藩吏の動向が注目されていたのである。一部の在京旧首里政府官吏は、在沖旧首里政府官吏と連動するように反琉球処分行動を企てており、それを日本政府としても無視できない状況にあったのである。

## 尚泰の上京決意

そのような状況下で、五月十八日、相良・高階両人および沖縄県令《けんれい》鍋島《なべしま》直《なお》彬《よし》▲・沖縄県少書記官原忠順《はらただゆき》▲らが沖縄に到着した。その日のうちに、相良・高階両人は泰の仮居を訪れ、高階は泰を診察し、泰に既往症は確認されず、神経病下腹充血の症がみられるが、即今危険という症状ではない、との診断をくだした。その報告を受けた松田は、船旅に支障はないものと判断した。そして東京からの指令として、今般の上京八〇日間延期願の件は聞き届けがたく、本日那覇着港の郵便船にて上京するよう、明十九日より一週間以内に出発期日を定め、明日午後二時までに自分(松田)へ申し出ること、とする通告を発した。

翌十九日、相良は首里にいたり、旧三司官《さんしかん》などの旧藩重臣に対して旧交をも

▼**鍋島直彬**　一八四三〜一九一五。元肥前《ひぜん》鹿島《かしま》藩主。一八七二(明治五)年アメリカに留学し、帰国後、侍従《じじゅう》、侍補《じほ》、文学御用掛《ぶんがくごようがかり》などを歴任した。初代沖縄県令に就任すると、教育施設の新設、糖業振興に尽力。

▼**原忠順**　一八三四〜九四。明治の政治家。鍋島直彬の側近として長く仕え、沖縄県大書記官、貴族院議員を歴任した。鍋島が自分(沖縄県令)の後任に原を推したことは有名。

って説諭し、彼らの上京延期もしくは反対論を、情理上からも論理上からも却けた。また相良より処分官を説得してほしい旨の重臣からの願い出も却け、ここにいたっては上京したほうが旧藩王のためになる、と説いた。これを重臣が泰に奏したところ、突然、泰はみずからの決断でもって上京を決意した。この時の模様を、給地蔵役《きゅうちぞうやく》▲として泰の側近にいた喜舎場朝賢《きしゃばちょうけん》(向延翼《しょうえんよく》)▲は、旧藩王が病中のため、旧首里政府官吏は上京を勧めるのはしのびないと考えているが、かといってそれが一刻でも遅延すれば処分されることを恐れ、進退の両難を胸中悲歎し憂慮していたところ、旧藩王が翻然として、恥辱を受けけんよりはむしろみずから決すると、上京を決められた、と観察している。

旧首里政府はさまざまな理由から上京期日の延期をはかったが、松田はこれを謝絶し、郵便船の都合などの理由から既定どおりの上京を勧告した。沖縄側ではとくに首里士族層を中心に、泰の上京を阻止しようとする動きも大きくなったが、翌二十日、泰みずから各村総代を集めて面諭することにより、これを鎮めた。そしてとどこおっていた藩から県への引継事務も、徐々に整いをみせたが、久米村に関しては依然そのまま残された。

▼**給地蔵役**　首里政府の諸役所のうち、心付役《こころづけ》のいる座と蔵のことを諸座諸蔵といい、砂糖座・船手座など、一六カ所の役座の一つ。

▼**喜舎場朝賢(向延翼)**　一八四〇〜一九一六。琉球の官僚。一八六八(明治元)年尚泰の側仕《そばづかえ》となるも、沖縄県設置により失職。その後、無禄士族の授産事業などに尽力した。琉球処分過程を琉球側から記録した『琉球見聞録』を著わす。

**喜舎場朝賢**(『琉球見聞録』)

泰は、二十七日午前九時、輿《こし》に乗って那覇に到着し、東海丸に乗船、次男の寅《いん》(宜野湾王子)、および随行員をともない、高階らとともに、正午に那覇港を出航した。喜舎場はこの時のようすについて、慶長《けいちょう》の昔、尚寧《しょうねい》が鹿児島へ連行のため港を発つ際、随行員、送別人ともに涙を流さない者はいなかったが、このたびは随行員は意気揚々として、送別の衆官も開口談笑、平日と変わることがなく、まもなく清国の援軍が到来し、琉球を再興させることを疑ってはいないようすだ、と観察している。

松田は、五月二十六日付伊藤宛電報にて、二十七日に旧藩王が次男をつれて出発するが、上京のことは泰からの申し出によるもので、実に意外のことだ、との感想を述べている。泰の決断を意外としていることは、東海丸随行員に託した伊藤宛の報告にも、改めて「実《じつ》ニ意外《いがい》ノ運《はこび》」であったとして詳しく述べている。前述したように、五月六日時点での伊藤の判断は、泰を上京させることを「総《すべ》テ平穏《へいおん》ニ取計《とりはからう》」ことに重点がおかれており、松田としても泰がみずから上京するとの決断をくだしたことは、「実ニ意外ノ運」に思われるものだったのである。

尚寅(『琉球見聞録』)

▼**尚寅**　一八六六〜一九〇五。沖縄の政治家。尚泰の次男。宜野《ぎの》湾《わん》間切を領地として付与され宜野湾王子朝広《ちょうこう》と称する。沖縄県設置後、父とともに上京。太田朝敷《おおたちょうふ》、高嶺朝教《たかみねちょうきょう》らとともに政治結社公同会《こうどうかい》を組織した。

▼**清国の援軍**　船体に黄色の龍の文様を描き黄龍旗を掲げる清の南洋艦隊は、黄色軍艦《ちぃるーぐんくゎん》と呼ばれた。親清派の琉球人は、日清《にっしん》戦争終結の頃まで、清からの救援を待ち続けたといわれる。

**▼尚順**　一八七三〜一九四五。沖縄の政治家。尚泰の四男で、松山《まつやま》王子と通称される。沖縄初の新聞『琉球新報』創刊に尽力。政府・県と妥協し、旧首里士族の権益をはかることにつとめた。のち、男爵。

**尚順**（『琉球見聞録』）

尚家からみれば、すでに嫡（長）男が上京している以上、泰が次男までつれて上京することは、旧首里政府側が尚家嫡流の男子を擁立して行動することの根拠を、泰みずからがなくしてしまったことにもなる。首里には幼少の順《じゅん》▲（四男）が残ってはいる（三男の興は夭逝）とはいえ、順を擁立しての琉球存続行動も、沖縄県設置以後、つまり、旧首里政府が公の組織として存在しえなくなってからは、状況判断のむずかしい幼児を擁立する負い目もあり、実現は困難である。泰が次男をつれて上京するという判断は、上京直後の帰国が可能だと泰が見越していたとしても、復辟の余地をみずからが著しく狭めたということである。

しかし、一部の旧首里政府幹部のなかには、旧王家にかかわらず琉球中の名家のうちから王を推して、清国に全属して琉球の再興をはかり、同志をつのって清国に対し歎願せんとする一派もあった。それは旧臣下が父と子もしくは親族を対立させることでもある。「君不為君、臣不為臣」（君君たらざれば、臣臣たらず）との判断は、琉球の社稷《しゃしょく》を存続させることにおいては十分の有効性をもちうるとはいえ、身分差を超えた沖縄全土への拡大はむずかしく、清国という存在があってはじめて効力を発揮できるものであった。また、このような動向は、当然ながら泰の意図するところではなく、前述のように一八七六(明治九)年末には、幸地親方朝常ほかを清国福州《ふくしゅう》に密航させ、閩浙総督《びんせつそうとく》・福建巡撫《ふっけんじゅんぶ》への密書を携行させて、琉球の情勢を陳情させたこともあったが、この段階になると、旧士族を中心に展開された琉球復旧などを名目とした運動には、否定的な対応をとるようになっていた。

松田は、泰が上京へと決断したその要因について、日本政府が琉球藩処分を断固実行の主意であることを知り、その勢いに屈したか、また清国政府をあてにはできないことを知ったか、と推測している。また処分中第一の難事である旧藩王の上京も目的を達したので、琉球藩処分のことは、とりあえずは終結したとの感慨を述べている。廃藩置県を正式に布告し、また藩から県への事務引継ぎなどが行われつつある段階まで辿り着いたことを確認したうえで、最後に藩王を上京させることが琉球処分の最終目的であったことを表白していたのである。

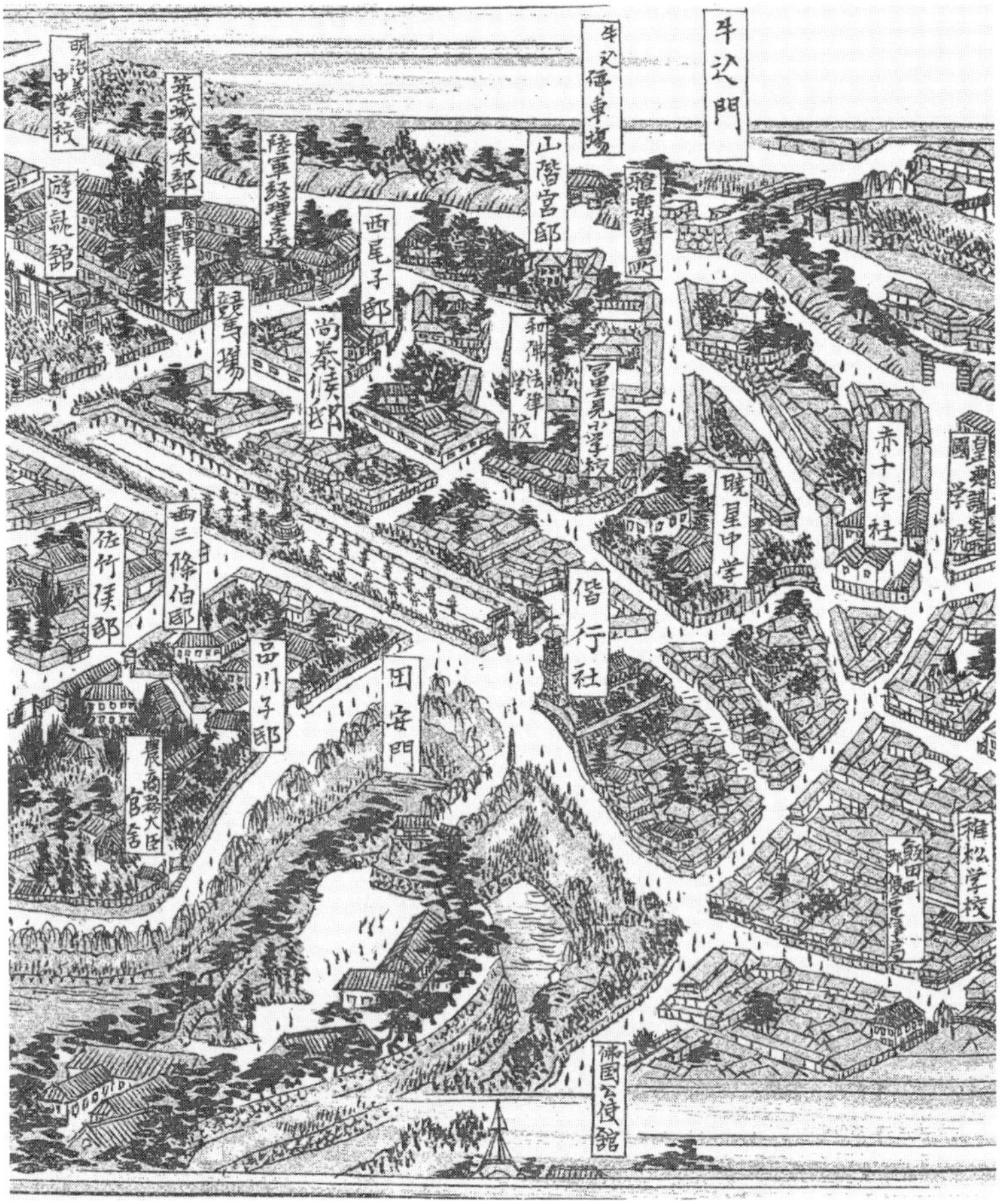


**尚泰邸周辺のようす**(『新撰 東京名所図会』第19編下巻之 2「麴町区九段上」, 1899〈明治32〉年)

現在に残る尚泰邸跡の石垣

## 尚泰父子の拝謁

東海丸は二十九日鹿児島着後、六月九日、東京に到着し、泰の一行は麹町区富士見町の宮内省御用邸に入った。同日、相良・高階両人が復命のため参内《さんだい》、拝謁している。そして十七日、泰は、尚寅および随行の者とともに拝謁する。午前八時に宮内省官員が富士見町の御用邸に迎えにあがり、尚典・尚寅および按司、親方を同行し赤坂離宮へ向かった。拝謁次第によれば、まず泰父子が天皇の御前に進み、拝礼を行っている。随行者は敷居外にて、それに続いた。泰とともに拝謁したのは、子である典・寅、および随行の小禄按司《おろくあじ》朝睦《ちょうぼく》(向承《しょうしょう》芳《ほう》)・具志頭《ぐしちゃん》按司(向鴻猷《しょうこうゆう》)・護得久《ごえく》按司朝置《ちょうち》(向起龍《しょうきりゅう》)・与那原親方良傑《りょうけつ》・古波《こは》津《つ》親方(向克治《しょうこくや》)・末吉《すえよし》親方(毛鳳章《もうほうしょう》)・安谷屋《あだにや》親方(翁承烈《おうしょうれつ》)の九人である。そして同日、泰は従三位に叙せられ、麝香間祗候《じゃこうのましこう》を命ぜられて、特旨をもって麹町区富士見町二丁目の邸宅に、馬車一輌、馬匹二頭をあわせて下賜された。典は、従五位に叙せられ、改めて東京居住が命ぜられた。

廃藩後の士族

# ④——上京後の生活

## 東京での生活環境

泰父子が拝謁《はいえつ》したあとの一八七九（明治十二）年十月七日、泰に金禄公債証書《きんろくこうさいしょうしょ》二〇万円の下賜が達せられた。この公債には一割の利がついており、毎年二万円が支給されることとなる。東京に経済的基盤のなかった尚家に対し、かなりの優遇がはかられた。さきの邸宅下賜とあわせ、東京での生活準備はととのえられた。清《しん》国との外交問題を除けば、一応の決着がはかられたことになる。

松田道之《まつだみちゆき》は六月二十五日、復命書を太政大臣三条実美《だじょうだいじんさんじょうさねとみ》に提出し、今般のことは自ずから対外問題にも関係し、単に内治にとどまらない一大事件であったと振り返っている。沖縄県設置は、国際的には日本の南限を所与ではなく、新生日本政府みずからが決定したことになるからである。泰は七月八日、松田の来訪を受けた。松田は、尚健《しょうけん》・尚弼《しょうひつ》の両王子《おうじ》が華族《かぞく》に列せられたのに対し、両王子が旧主と同列するのを憚り固辞したこと、また沖縄の士族《しぞく》などが県庁などの役職を命ぜられても辞して受ける者がいない状態について、これらのことは政府の好意をむなしくすると同時に、県民みずからの利権を放棄するものであるとして、彼らに対し訓示することを乞うた。沖縄現地では、旧藩役人層のサボタージュが続き、県政がスムーズに機能していないことが多かった。旧首里《しゅり》政府官吏に対して県庁は、説得を重ね職に戻るよううながしたが、県政がスムーズに運営するにはかなりの時間を要した。

翌一八八〇(明治十三)年四月、沖縄県令《けんれい》の鍋島直彬《なべしまなおよし》より参議《さんぎ》伊藤博文《いとうひろぶみ》に対し、泰の妻子、家族および健・弼の上京を命じることを求めた意見書が提出されている。泰は、上京に次男をともなったが、その他の家族は首里にとどまったままであった。鍋島は、泰が東京府貫属《とうきょうふかんぞく》である以上、その家族も東京に移住すべきで、かつ許可なく家族が故郷にとどまるのは不敬の大なるものであり、現状のままでは、政略上・条理・天倫の情誼よりも不可だと説いた。華族督部《とくぶ》▲長《ちょう》の岩倉具視《いわくらともみ》は、これをもっともなこととして同副部長東久世通禧《ひがしくぜみちとみ》に申し入れ、宮内省《くないしょう》とも打合せのうえ、断然実施すべきとの意向を示した。これに対し、泰は七月、家族のうち婦女は日常深閨《しんけい》に住居しており、先祖を参拝するほかに外出することはほとんどなく、急の上京には恐懼《きょうく》することも多く「心神迷乱《しんしんめいらん》」に

▼**華族督部**　一八七六(明治九)年に華族は六部に分けられた。正副督部長および部長がおかれ、督部長に岩倉具視、副督部長に池田《いけだ》慶徳《よしのり》が就いた。同年、華族は宮内省所管となる。

およぶなどを理由として、猶予願を宮内省に提出している。なお、のちのことになるが、一八八二(明治十五)年に参事院《さんじいん》▲議官《ぎかん》尾崎三良《おざきさぶろう》▲が沖縄県視察の途次、七月二十二日に泰の家族が暮す中城御殿《なかぐすくうどぅん》を訪ねたところ、御殿には八〇歳を超える泰の祖母、妾、四男(順《じゅん》、一〇歳)、長女(真鶴金《まつるがね》、一四歳)、および約五〇人の従者が住んでいたことを記録している。上京後三年たっても、家族とは離散したままであった。

## 他華族との交際の説論

泰が上京してほぼ一年たった頃、『読売新聞』(一八八〇〈明治十三〉年六月九日付)は、泰が他の華族との交際がないため、家令《かれい》の与那原親方《よなばるおやかた》、家扶《かふ》の親里《おやざと》親雲上《ペーちん》が政府筋に呼びだされ、交際をするように説論があったことを報じている。泰に先立ち上京していた典《てん》に対しては、その接待向きはすべて宮内省の主管に属し、邸中取締りと出入取調べなどについては警視局の主掌で、事務は内務省が取り扱うことになっていた。上京後の泰に対しても同様であろうが、護衛のため邸へ詰めていた巡査などの派遣は、一八七九(明治十二)年十二月三十

▼**参事院**　明治太政官制《だじょうかんせい》上の機関。初代議長は参議伊藤博文。一八八一(明治十四)年設置。正院《せいいん》法制局を受け継いだもので、一八八五(明治十八)年内閣法制局発足とともに廃止。

▼**尾崎三良(『尾崎三良日記』)**　一八四二～一九一八。明治の法制官僚。三条実美の側近として幕末《ばくまつ》の国事に奔走する。一八六八(慶応四)年渡英し、法律を中心に学ぶ。維新後、太政官左院《さいん》、法制局、参事院《さんじいん》などに勤務、井上毅と並び称された。日記は一八六八～一九〇二(慶応四～明治三十五)年までが断続的に残されており、『尾崎三良日記』(上・中・下)として刊行されている。

▼日本語《やまとぅ》　同じ日本語系統の琉球方言と区別する意味において、本書では「やまとぅ」のふりがなを付して記す。

一日限りで廃されたこともあり、当初の緊張感も幾分かは薄れていたはずであるが、心落ち着く環境とはほど遠かったのであろう。

泰が他の華族との交際がなかった理由として、病弱に加え、日本語《やまとぅ》▲会話能力の脆弱さが足を遠のけたことが指摘される。泰の日本語《やまとぅ》能力については、『尾崎三良日記』(明治十五〈一八八二〉年六月二十七日条)がその典拠とされている。尾崎は、六月二十三日に沖縄出張が決まり、二十七日、事前調査のため元老院議《げんろういんぎ》官海江田信義《かんかいえだのぶよし》とともに尚邸を訪問し、泰ならびに典、寅《いん》の二王子と列座し面会した。尾崎は、泰は自分(尾崎)のいうことを解さなかったようであり、また祖先の社稷《しゃしょく》とも離れ海外に幽囚されているようで、憐れである旨を記している。面会の際に、泰が一言も発することがない状態を、尾崎がそのように解したのである。泰が日本語《やまとぅ》を話さない、理解できないといっているわけではない。泰が日本語《やまとぅ》を理解できない(しない)ことは、日本政府が強要した日本化への抵抗とする解釈もあるが、王、また藩王《はんおう》の立場にあった泰は、日本語《やまとぅ》会話能力云々以前に、側近以外の、とくに日本の官僚と直接に会話することに慣れておらず、そのような状態を、尾崎は自分のいうことを解さなかったようだと観察したのである。
泰は王の地位にありながら、前述してきたように、琉球《りゅうきゅう》へ派遣された日本政府官僚とみずからが応対、折衝にあたることはなかった。親方級を中心とする首里政府官吏が、東京または首里で松田道之らの日本政府官僚との応対にあたった。それらの経験からみても、泰は、日本政府官僚とみずから応対することで、言質をとられるなど失態を演じるよりは、みずからの意向を家扶・家令などの側近に伝えておき、応対を任せたほうがよかった。つまり、日本語《やまとう》をよく解する側近がおれば、尚邸の運営は可能だったのである。さきの尾崎の日記は、泰親子との面会ののち、よく日本語《やまとう》を解する与那原親方と面会し、数十分ほど談じて辞したと記し、この日の尚邸訪問を締めくくる。まさしく首里時代以来の応対ぶりが続いており、それで用をたすことが可能だったことを示していよう。

のちのことになるが、一八八四(明治十七)年、泰の一時帰郷の途中、神戸《こうべ》から同船した当時の沖縄県令西村捨三《にしむらすてぞう》▲が、泰が和歌をよんだこと、および彼は自分と同年で日本語《やまとう》会話は可能であったことを、口述している。尾崎面会の二年

▼**西村捨三**　一八四三〜一九〇八。明治の官僚。維新後、内務省警保局長などを歴任し、一八八三(明治十六)年沖縄県知事となる。のち、土木局長、大阪府知事、農商務次官などに就任した。

後には和歌《わか》をよむまでになっており、かなり日本語《やまとう》に通じていた。つまり、尾崎面会時にも日本語《やまとう》が理解できないことはないであろうし、日本語《やまとう》能力の問題が他との交際がないことの理由にはならない。『尚泰侯実録』に、上京後は来客をたち、読書に傾注し、また薬餌に通じ、些細な病にはみずから薬を調合して治癒した、とあるように、個人の時間を最優先にしていたことが、一番の要因であろう。

## 白党・黒党の対立

尚家の家令・家扶が説諭を受けていた頃、清国上海《シャンハイ》にて発行されていた『申《しん》報《ぽう》』(七月三十日付)に、琉球の旧士族が王を立てることについて議論を交わし、そのあり方をめぐってついに白黒両党に二分されたという旨の記事が掲載された。それによれば、白党(シルー)▲は、泰を東京から迎えてふたたび王位に復することを希望する派で、黒党(クルー)▲は、泰を無能として叔父伊江《いえ》王子尚健を立てようとする派で、新王を立てたのち、属国となる旨を清国に密訴したという。日本の新聞にも同様の記事が載っており、この情報自体は、少なくとも日本国

▼**白党(シルー)・黒党(クルー)**
白と黒の琉球方言。転じて政治的派閥対立の代名詞。琉球処分の頃、尚氏琉球を存続しようとする頑固党のなかで、反抗の態度が消極的な白党と、親清国派で頑強に日本政府に反対する黒党とが存在した。

内では周知のことであろう。一八七二(明治五)年の詔書御請《おうけ》をめぐり対立を深めた旧琉球士族は、琉球の社稷存続を最終目標とする共通の思いこそあったが、逆にそれがゆえに、あいだに横たわる溝はより深いものとなっていた。ここでの問題は、一部とはいえ、旧琉球士族から「尚泰無能論」まで出され、党派が形成されたことである。それは泰の廃位が前提とされ、泰と尚家所縁《ゆかり》の王位継承者との対立をも当然視することにもなる。白黒両党ともに尚家一族の存在を前提としているが、黒党は泰との対立を見越してまで擁立を受ける王位継承予定者を明らかにできず、旧士族の多くは、より現実性をおびる白党に傾きかけていた。また旧士族層の圧倒的多数は日清両属派であり、少数の日本専属派にしても、受動的に日本の保護下に入ることによって琉球の国家としての延命をはかる以上の積極的な未来像はもちあわせていなかった。

一八八四(明治十七)年一月、沖縄県新設以来所有が判別されずに残された泰の財産区分が確定した。泰の請求に対し、沖縄県では請求物件が尚家の私有に属するものか未確定のものもあったが、同県は、特典をもって泰が請求する物件は悉皆ご下付されたいと内務省《ないむしょう》に上申し、概ね泰の請求どおり、中城御殿、

識名園

▼**大美御殿**　第二尚氏第四代王尚清《しょうせい》が世子《せいし》時代の別邸。一五四七（天文《てんぶん》十六）年に増改築し、首里城内の女性の休養・産所、また冠婚葬祭などの礼式執行の場として用いられた。

大美御殿《うふみうどぅん》▲などの家屋邸宅、崎山村《さきやまむら》別荘、識名村《しきなむら》別荘▲などの別荘、聞得大君御《きこえおおきみう》殿《どぅん》▲、円覚寺《えんがくじ》▲などの社寺、玉陵《たまうどぅん》、極楽陵《ごくらくりょう》▲などの墓所が泰の私有財産として認定された。首里城はそれからは除外されたとはいえ、麴町《こうじまち》区富士見《ふじみ》町の邸宅とあわせ、泰はかなりの優良不動産を所有していた。

## 宮内省からの招待

『尚泰侯実録』は、沖縄への一時帰郷を除いて、邸外への外出が唯一記された事例として、東京府知事松田道之（前処分官）の葬儀に邂逅《かいこう》したことのみをあげている。それ以外にも邸外への外出がはっきりしていることがある。宮内省の招待を受けた午餐会《ごさんかい》への出席である。この午餐会は、一八八二（明治十五）年七月・十月、八三（同十六）年五月・十二月、八四（同十七）年六月、九六（同二十九）年六月、九八（同三十一）年五月、九九（同三十二）年六月、一九〇〇（同三十三）年六月、〇一（同三十四）年の六月の一〇回、宮内大臣より泰その他に対し招待状が出され、午餐会が催された。一八八二〜八四年（前期）、および一八九六〜一九〇一年（後期）の二期に分けて行われた午餐会の開催理由は不明だが、同時期において、これに類する午餐・晩餐会《ばんさんかい》が開催されてはいないことからして、このような午餐会が催されること自体、宮内省、また日本政府が旧琉球王(藩王《はんおう》)およびその血統に気を配る必要があったことを物語っている。

この午餐会において、どのような会話がなされたかは詳らかではない。ただ前期におけるこの会での泰およびその側近の動向を観察したことが、一八八四年に泰の一時帰郷が許可されることにつながるのであろう。この年七月十七日付で泰は宮内卿伊藤博文に対し、高齢の実祖母との面会、墓参、家事取りまとめを理由に、往復日数を除く一〇〇日の賜暇を請願した。二十三日、願いは受理されたが、賜暇中は西村県令の指示に従うこと、および推問請書の提出が求められた。即日、泰は、四カ条の推問請書を差しだす。これを受け西村県令は、泰に随行する家令、家扶に対し、

一、沖縄県士民に対して、忠誠の方向をあやまらないよう尚泰より説諭するための説諭文案を起草するので、心得方《こころえかた》もあわせて承知すること。

一、沖縄県士民中に万一心得違いの者が出て、不穏の景況があれば、尚泰の旅館に警察官を派出し、厳重に取り締まることはいうまでもなく、都

▼**識名村別荘**　第二尚氏最大の別邸で、王家の保養、外国使臣の接待などに利用された。中国の様式と沖縄独自の様式の折衷様式で建築され、完成当時は冊封使を接遇する迎賓館として使われた。

▼**聞得大君御殿**　琉球の最高女神官「聞得大君加那志」の神殿および住居の跡。沖縄県設置後、神殿は中城御殿に移され、敷地・建物は、明治中期以降に払い下げられた。

▼**円覚寺**　一四九四(弘治《こうじ》七)年、第二尚氏の菩提寺として、尚真王《しょうしんおう》が鎌倉《かまくら》の円覚寺を模して建立《こんりゅう》。開《かい》基《き》は芥隠承琥《かいいんじょうこ》。寺前の円鑑池《えんかんいけ》では、冊封使《さっぽうし》の招宴が開かれた。

▼**極楽陵**　「浦添《うらそえ》ようどれ」として知られる。沖縄県浦添市にある王家の陵墓《りょうぼ》で、西室(英祖《えいそ》王陵)と東室(尚寧《しょうねい》王陵)の二つの墓室を中心に墓庭、門、石牆《せきしょう》からなる。

円覚寺（焼失前）

合によっては県庁に宿所を指定し、移転を申しつけること。
を求め、これに対し、家令の与那原良傑《りょうけつ》・内間《うちま》朝直《ちょうちょく》・親里盛英《せいえい》は、

一、尚泰着県後に沖縄県士民に対する説諭の文面は、別紙のとおりであり、着県後には親族らと申し合わせ、けっして士民らによる不穏の言動などがなきよう、懇篤に注意することを心えていること。

一、尚泰を臨時に厳重取締りまたは移遇、あるいは帰京などが命じられるようなことがあれば、われわれと現地の親族らにて厚く注意し、また不都合のなきようご指示いただきたいこと。

の二カ条を返答した。すなわち、泰が沖縄県にて士民らに対する説諭の内容を西村に委ね、それを忠実に実行することを家令が保証することにより、泰の帰郷がかなったことになる。

しかしながら、泰が県令の意志を実行するか、またはすることができるかについてはわからない。というより、日本政府関係者には、泰の人間像そのものが不明であったであろう。まして他の華族らとの交際に乏しい泰である。しかしながら、泰にしてみれば、この午餐に参列することは、帰郷希望を訴えるこ

とができる絶好の場にもなる。逆にみれば、前期の午餐会は、もろもろの困難をかかえている県の統治に旧家臣らを協力させうるだけの力量を、泰が保持し続けていることを、宮内省高官ひいては日本政府関係者が判断できる場となったともいえる。

## 沖縄帰郷

泰は、一八八四(明治十七)年七月に、往復日数を除く一〇〇日の賜暇が認められた。その月のうちに餞別《せんべつ》として御手許金からの三〇〇〇円を受領すると、さっそく沖縄へと帰郷した。八月二十三日に那覇《なは》着、暫時の沖縄滞在を楽しんだのち、那覇を発ったのが翌年一月二十四日であるから、正確には一〇〇日を超えているが、日本政府の旧琉球藩王に対する随分の配慮が垣間見える。

沖縄滞在中の十二月三十日、泰は西村県令に対し、書面を提出した。それには泰に課せられたことが、琉球から清国に脱した者を「政府御都合」のとおりに取り締まることであったことを示している。そして、泰はそれを忠実に実行に移した。泰が取締りにあたって判断とした基準は、脱琉渡清を決行する琉球人がいると自分に迷惑がおよぶ、ということであった。沖縄県内には、日本政府および沖縄県庁に抵抗する旧士族の一部には、琉球の社稷維持のためには王命にさからうことも厭わず、清国からの援軍を待ち、実力行使をも辞さないと考える一派も存在し、執拗《しつよう》な抵抗を続行していた。そのような琉球社会の動向を把握できなかった日本政府は、尚泰＝旧王、旧藩王という存在のエネルギーを放出させ、そこに政府の権威を上乗せすることにより、改めて旧琉球士族保守派の忠誠心の向く方向をみずからに向けさせようとした。逆にいうならば、泰はそれを完遂できうる存在として、政府が認めていたことになる。前期の午餐会には、それが可能か否かを確認する意味も含まれていると思われる。

## 授爵

帰京後の一八八五(明治十八)年五月二日、宮殿表一の間にて授爵式が行われ、尚泰に侯爵《こうしゃく》が授けられた。華族に栄爵を授ける旨の詔勅《しょうちょく》が発せられたのは、その前年の七月七日であり、五〇〇有余の華族らが、七・八日の両日に授爵した。泰の授爵は、それに一〇カ月ほど遅れている。一八八四(明治十七)年七月の『叙爵内規』では、侯爵に叙せられる対象に、旧清華《せいが》、徳川《とくがわ》旧三家《さんけ》、旧大藩知事《たいはんちじ》（現米一五万石《ごく》以上）、国家に勲功ある者とともに旧琉球藩王も規定されていた。にもかかわらず泰の叙爵が遅れたのは、華族制度のなかで尚家が別格扱いであったことに加え、日本政府にとっては沖縄県民への説諭、とくに脱琉渡清行動に対する厳重取締りを実行してもらう必要があったからではないだろうか。一八七九（明治十二）年の沖縄県設置以後、急進的な保守士族層を中心とする反県行動、なかでも、脱琉渡清行動は、国際問題化を孕む問題であり、日本政府にとって、外交上のみならず県の統治に大きくかかわっていた。鍋島初代沖縄県令着任以来、他府県からの猟官運動が盛んに行われたのは、旧首里政府以来の幹部級の多くが県への就職を潔しとしない風潮のなか、人材の不足が招いた側面も大きかったのである。

最初の午餐会直後の八月二十二日、今帰仁朝敷《なきじんちょうふ》、伊江朝永《ちょうえい》▲らに位階《いかい》が宣下《せんげ》され、一八九〇（明治二十三）年五月二十六日、両人に男爵《だんしゃく》が授爵された。両人の授爵を申請する沖縄県知事丸岡莞爾《まるおかかんじ》の内申には、尚家の沖縄県政に対する影響について、授爵が認められれば県治上にも影響があり、おおいに好都合であ

▼**伊江朝永**　一八四一〜一九〇四。伊江王子尚健（のち、伊江朝直《ちょうちょく》）の長男。伊江御殿を十二世として継承した。のち、男爵。

ると判断されている。これとほぼ同じ表現が、一八八五年二月に西村県令が三条太政大臣に提出した「尚家《しょうけ》御取扱振《おとりあつかいぶり》ニ付《つき》意見《いけん》」にもあらわれている。沖縄県当局の共通した認識であったといえよう。つまり、泰のみならず、その血統が有する価値の再利用が県政に求められていた。そして泰の授爵からちょうど二カ月後、典の帰省(往復日数のほか一五〇日間)が許可された。旧王(藩王)およびその嗣子《しし》を沖縄にいかせても問題なしとする余裕が生まれてきたのである。

この時点では、少なくとも沖縄県政に対する泰の役割は終えているはずであった。旧琉球王・琉球藩王という存在が有するエネルギーは日本政府に吸収され、少なからず喪失していたはずである。しかし再度、泰およびその周辺への接待が再開されることになる。

午餐会が再開される前の一八九二(明治二十五)年三月十四日、維新《いしん》殉難者および旧藩事績取調べに資するため、侯爵尚泰ら華族一三九家に対し、嘉永《かえい》以来の国事《こくじ》ならびに時勢▲に関する文書を、その秘密に属すると否とを問わず、ことごとく提出するよう、宮内大臣より命じられることがあった。これは、維新以前の歴史を異にしている琉球に対し、他府県と同様の歴史過程をへていること

**▼嘉永以来の国事ならびに時勢**　一八五三(嘉永六)年のペリー来航以来、維新にいたるまでの期間の国内外情勢のこと。

**▼公同会**　一八九六(明治二十九)旧琉球特権層が自己の権益を回復することを目的に結成された。翌年政府に請願を行うも、時代錯誤との批判があり、沖縄でも強い反対を引き起こし、瓦解した。

が前提とされている。宮内省(＝政府)からいえば、維新後四半世紀をへて、藩王と藩主との差を設ける必要がなかったことを物語っているといえよう。尚家に対する必要以上の配慮をやめたということでもある。では何故、旧琉球王家出身者への接待が再開されたのであろうか。後期の午餐会は、前期と異なり、泰は招待されても病気を理由に出席していないが、迎える側の宮内省出席者は部局の長ないし次長であり、前期より増加している。

## 第一次公同会運動

日清《にっしん》戦争中から戦後にかけて、沖縄県においては、旧王家である尚家出身者を首長として特別県政をしくことを求めることを主眼に、旧支配階級の一派が日本政府に対し請願運動を展開した。公同会《こうどうかい》運動▲と呼ばれるものである。一八九五(明治二十八)年六月、公同会という名称の政治結社が組織された。主たる会員は、尚寅、尚順、伊江朝真(伊江朝永の子)、護得久朝常《ごえくちょうじょう》▲、護得久朝惟《ちょうい》▲、高嶺朝教《たかみねちょうきょう》、豊見城盛和《とみぐすくせいわ》、知花朝章《ちばなちょうしょう》、親泊朝啓《おやどまりちょうけい》、伊是名朝睦《いぜなちょうぼく》、太田朝《おおたちょう》敷《ふ》▲ほかで、尚家の縁のある旧王族や旧首里士族を中心とした。尚家出身者を行

▼**護得久朝常**　?〜一九一〇。唐名は向文蔚《しょうぶんい》。護得久家は、久米《くめ》具志川王子朝通《ちょうつう》を元祖とする第二尚氏の分家で、朝常は十三世。宜野湾朝保《ぎのわんちょうほ》に師事した。

▼**護得久朝惟**　一八六八〜一九二三。沖縄の実業家、政治家。衆議院議員。朝常の嗣子。尚泰の長女と結婚。『琉球新報』創刊に協力。また尚家の資金により設立した丸《まる》一《いち》商会社長をつとめるなど、実業界でも名をなした。

▼**太田朝敷**　一八六五〜一九三八。沖縄の代表的な言論人。一八八一(明治十四)年県費留学生として学習院《がくしゅういん》、東京高等師範学校《こうとうしはんがっこう》に学ぶ。帰郷後、『琉球新報』の創刊に加わる。県会議員、首里市長を歴任した。

**第一回県費留学生**(一八八一年)
左から太田朝敷、山口全述、岸本《きしもと》賀昌《がしょう》、謝花昇《じゃはなのぼる》、高嶺朝教。太田・高嶺は後年公同会運動に参加した。

政上の首長とすることを泰と打ち合わせたうえ、政府に請願することを目的とした運動で、この運動は、二度にわたり行われた。最初は一八九五年六月から七月にかけて行われ、その趣意書は、おおよそ以下のとおりである。

一、法令の定めるところの程度により、沖縄に特別の制度を施行すること
一、沖縄に長司《ちょうし》をおき、尚家出身者から親任すること
一、長司は政府の監督を受け、沖縄諸般の行政事務を総理すること
一、長司は法律命令の範囲内において、その管内に行政命令を発するをえること
一、沖縄に監視官を常置し、中央政府より派遣せらるること
一、長司のもとに事務官をおき、法令の定めるところの資格に遵い、長司の奏薦により選任され、または長司みずから任免すること
一、議会をおき、各地方より議員を選挙し、法令の範囲内において公共諸般のことを議せしめること
一、国庫におさめる租税は、とくに法律の定めるところの税率によること
一、沖縄に要する一切の費用は、とくに法律の定めるところの税率内にお

いて、議会の決議をもって賦課徴収すること冒頭に、沖縄に特別制度の施行をうたってはいるが、法令の定める範囲内である、と釘を刺している。その主眼は、沖縄県新設後一五年以上をへても存続している旧慣温存政策▲がもたらす政治的・経済的格差の解消をめざしているものであった。特別として、尚家の出身者を首長にいただくからといって、独立を見込んでいるものではなかった。

しかし、この時期においても沖縄県は他府県とは異なる施政がなされているとはいえ、知事を政府にて指名する大原則はくずすことはできない。内務大臣野村靖《のむらやすし》は、上京して運動を行う旧琉球藩人を官邸に招き、彼らの訴えに対し、その不心得を戒諭したうえで、泰および尚家が日本国家に厚遇されていると諭した。それに加え、依然として運動を続行すれば、国事犯として処分すると言い渡した。このような大義名分をもつ行動は、けっして他府県ではありえないものであり、政府としても厳罰をもって対処する意向を示すことでこの運動を押さえつける姿勢をみせたのである。そのため、会員はいったんそれぞれ帰県したが、同地にて再度種々の運動を続行していた。しかし、それも政府には感

**▼旧慣温存政策** 沖縄県設置に対する県内の不平士族《ふへいしぞく》対策などのため、土地制度、租税制度、地方制度などを旧慣のまま維持した政策。一九〇三(明治三十六)年まで続けられた。

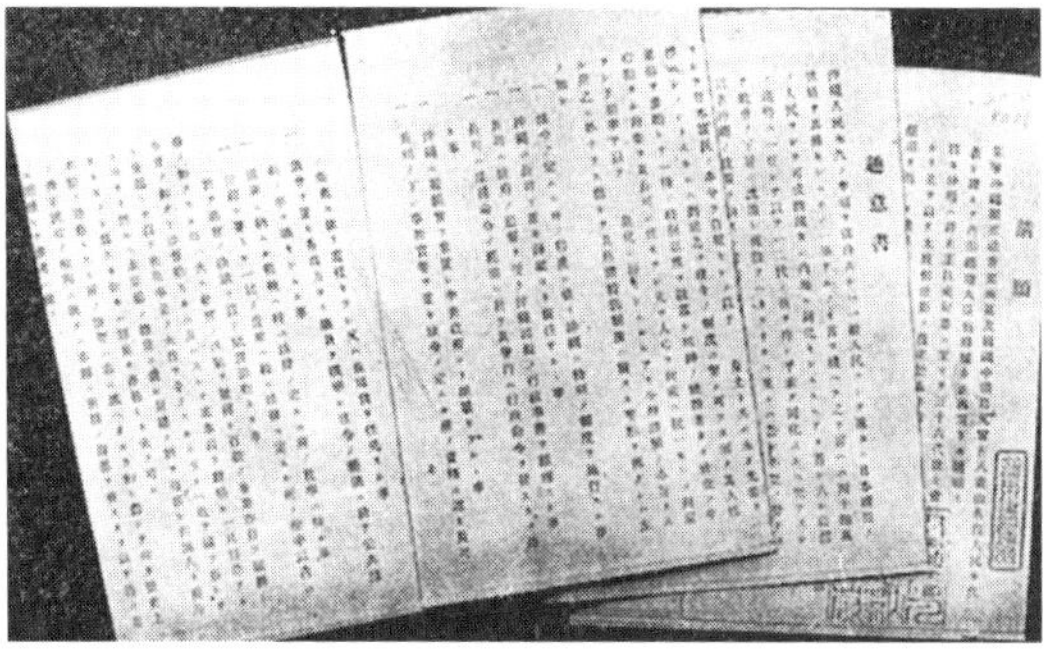

**公同会趣意書**

知されていた。

## 第二次公同会運動

二度目は一八九七(明治三十)年で、その中心メンバーの一人太田朝敷は新聞のインタビューに対し、沖縄県下の利益を進展させようとすれば、今日では人心の統一をはかることが急務であるが、その手段方法はいかなる政治家の手腕によってもこれをなすことはできず、ただ旧主尚泰侯が県治に臨むよりほかにはない、ということを、政府に認めさせることだと応えている。いずれにせよ、沖縄の自治に泰が欠かせない存在であることにその求心力を求めていることには変わりはない。

この運動と明治十～二十年代に展開されてきた脱琉渡清人の琉球存続運動とでは、構成員が異なる。脱琉渡清人の多くは旧首里政府官吏で、伝統的な教育を受けてきた世代である。かたや公同会のメンバーはそれより一世代若く、太田にみられるように、日本で学び、新生日本国家の形成過程をみてきた者たちである。この運動がめざしたのは、単に尚家出身者を長とする特別制度ないしは独立をめざした復旧的なものではなく、この時期の沖縄県にしかれていた、旧慣温存政策からの打破であり、あくまで自立を求めたものであった。

しかし、政府にとって、歴史が異なるとはいえあらたに県をしいた沖縄のみに特別制度を認めることはできない。この運動を最小限の施策で収束させる方法は、ただ一つ、名目として泰の名前、およびその存在を使用できなくすることと、つまり旧王および旧王家に日本国家への忠誠を強化させることで、かつての求心力を喪失させることである。午餐会が再開されたのは、その翌年である。後期の午餐会は、尚家側から家令・家扶が呼ばれず、尚家に連なる者だけが招待されている。それは公同会運動に関心をもつという、日本政府からすれば軽挙妄動にすぎないことから彼らを遮断する手段でもあったのではなかろうか。この午餐会は一九〇一(明治三十四)年、つまり泰の死去を最後に開催されなくなる。典・寅、また今帰仁朝敷・伊江朝真といえども、泰の有する存在性に匹敵するものではなかった。日本政府からみれば、泰さえいなくなれば、公同会運動のようなことに対処することはなくなったわけであり、接遇面において、他の華族との差をつける必要がなくなった、ということでもある。

泰は、一八九〇(明治二十三)年に貴族院《きぞくいん》議員となりながらも、一度も本会議・委員会には出席しなかったことはよく知られるところである。泰自身、病弱であったことにも由来するであろうが、あえてそのような場に身をおきたくなかったのが実情ではなかろうか。これまで一切、まつりごとに参加する、またはそれを主導することを避けており、一議員としての身の処し方もわからなかったであろう。つまり日本政府に対する抵抗などではなく、泰個人の個性がもたらした結果であった。上京後の泰は来客もたち、家族とも離ればなれとなった孤独な生活に終始していたように描かれてきた。しかし、これは泰自身が選択したものでもあった。悲惨な尚泰というイメージは、沖縄県設置以降、沖縄県および県民が経験してきたことを、彼の悲劇性と照らしあわせ、それを共に強調して描かれているようにもみえる。

## 死去

一九〇一(明治三十四)年八月十八日、泰はにわかに容態をくずし、自邸にて静養していたが、薬石効を奏さず、翌十九日朝死去した。享年五九。酷暑の候であり、東京にて葬儀を執行の予定であったが、沖縄在住の近親者および旧臣下らの願いにより、沖縄にて本葬を営むことが決められた。二十一日には、首里・那覇両区の総代が上京して遺骸を迎えるとともに、旧令に準じ、士族は五〇日、平民《へいみん》は二五日の喪を服すことを願い出たが、尚侯爵家では、厚くその意を諒としつつもこれを謝絶した。沖縄での葬儀の準備として、両区各部から総代を選抜し、協力することとなった。旧士族のあいだでは、白党・黒党の流れをくむいわゆる開化党《かいかとう》・頑固党《がんことう》▲が対立を続け、頑固党においても義村《ぎそん》・大里《おおざと》・田名《だな》の三派があり、軋轢《あつれき》が激しかった。しかし、泰の葬儀に際し一致協力してこれにあたることとなり、軋轢も融和したといわれている。霊柩は二十三日東京を発ち、二十九日に沖縄に着した。その日の午後二時出棺、首里城に隣接する玉陵に葬られた。沖縄県下二区三郡各離島の人民は喪に服し、首里区一五村の旧士族は、三人ずつ交代で、七七日のあいだ、塋域《えいいき》の守護にあたった。

　泰の死去にともない、長子典が侯爵を襲爵し、貴族院議員となる。典が一九二〇(大正九)年九月死去すると、その長子昌《しょう》が父と同じように侯爵を襲爵し、貴族院議員となる。その五年前の一九一五(大正四)年七月二十日、昌は式部官《しきぶかん》

**▼開化党・頑固党**　琉球処分を琉球滅国ととらえた「脱清人」は清に琉球再興を訴え、これに呼応し沖縄県内では、琉球再興を求める「頑固党」と、それに反対する「開化党」とが対立した。

**玉陵**

に任じられ、高等官七等に叙せられている。泰の嫡孫たる昌が天皇の儀式を奉仕する式部官になっているのであり、この時には完全に日本臣民化《しんみんか》(＝皇室の藩屏《はんぺい》化)が果たされていたことになる。つまり、琉球の側が尚家を立てて、独立なり特別県政をしくことはありえない状況になっていた。公同会運動の歴史的意義として、琉球の政治権力がその社会の総意としてはじめて日本国家の琉球処分に同意し、その体制内に参入することをみずから決断した、という見解がある。それをへての昌の式部官就任は、旧琉球支配層のトップ(の末裔)が日本化することを、その行為として改めて宣言したとはいえないだろうか。

**図版所蔵・提供者一覧**(敬称略, 五十音順)

沖縄観光コンベンションビューロー　p. 80, 93
沖縄県立芸術大学附属図書・芸術資料館(鎌倉芳太郎撮影)　p. 4
沖縄県立図書館　カバー裏, p. 1, 14
沖縄県立図書館所蔵・那覇市歴史博物館提供　p. 89
沖縄県立博物館・美術館　p. 9
外務省外交史料館　p. 14中
国立公文書館　p. 22上, 51下
国立国会図書館　p. 15, 23, 35, 36, 39, 43, 59, 67, 68, 69
聖徳記念絵画館　カバー表, p. 55中
東京国立博物館・Image : TNM Image Archives　p. 8
東京大学史料編纂所　扉
那覇市歴史博物館　p. 6, 7, 22下, 51上, 55上, 73, 82, 88
日本カメラ博物館　p. 51中
ゆまに書房『風俗画報 CD-ROM版』　p. 71上
新城俊昭『改訂 ジュニア版　琉球・沖縄史』をもとに作成　p. 10下右・下左, 55下

勝田政治編『講座 明治維新』第4巻, 有志舎, 2012年
我部政男『明治国家と沖縄』三一書房, 1979年
我部政男『近代日本と沖縄』三一書房, 1981年
喜舎場一隆編『琉球・尚氏のすべて』新人物往来社, 2000年
喜舎場朝賢『琉球見聞録』親泊朝擢, 1914年
宮内庁書陵部編『明治天皇紀』第四, 吉川弘文館, 1970年
桑原真人・我部政男編『幕末維新論集9　蝦夷地と琉球』吉川弘文館, 2001年
後藤新「『琉球処分』の基礎的研究——琉球藩設置過程を中心として」『法学政治学論究』56, 2003年
後田多敦「亀川党・黒党・黒頑派—琉球併合に抗する思想と行動—」『歴史評論』692, 2007年
後田多敦『琉球救国運動　抗日の思想と行動』出版舎Mugen, 2010年
島村幸一編『池宮正治著作選集3（琉球史文化論）』笠間書院, 2015年
尚球『廃藩当時の人物』啓文社出版部, 1915年
徳富猪一郎『近世日本国民史』第92巻（外交雑事篇）, 近世日本国民史刊行会, 1961年
豊見山和行研究代表『琉球国王家・尚家文書の総合的研究』科学研究費補助金研究報告書, 2008年
西里喜行編『琉球救国請願書集成』（沖縄研究資料13）, 法政大学沖縄文化研究所, 1992年
西里喜行『清末中琉日関係史の研究』京都大学学術出版会, 2005年
西里喜行「咸豊・同治期（幕末維新期）の中琉日関係再考——尚泰冊封問題とその周辺」『東洋史研究』64-4, 2006年
西里喜行「中琉関係史における尚泰の冊封問題（再論）——琉球側の対応を中心に」『南島史学』79・80, 2013年
比嘉春潮『比嘉春潮全集』1～5, 沖縄タイムス社, 1971～73年
東恩納寛惇『尚泰侯実録』侯爵家蔵版, 1924年（のち, 原書房より明治百年史叢書第155巻として復刻〈1971年〉され, さらに琉球新報社より『東恩納寛惇全集』第二巻に所収〈1978年〉された）
東恩納寛惇「維新前后の琉球」『維新史研究会講演集　第一輯』弘道閣, 1926年
真栄平房昭「琉球処分と軍隊・歴代宝案のゆくえ—『尚家文書』新出史料を手がかりとして—」『沖縄史料編集紀要』41, 2018年
真境名安興『真境名安興全集』1～4, 琉球新報社, 1993年
森宣雄「琉球は『処分』されたか」『歴史評論』603, 2000年
安岡昭男『明治維新と領土問題』教育社（歴史新書）, 1980年
安岡昭男『幕末維新の領土と外交』清文堂出版, 2002年
与那覇晶子「演劇に見る琉球処分—『首里城明渡し』と『世替りや世替りや』を中心に—」『沖縄大学地域研究所年報』10, 1998年
横山學『琉球国使節渡来の研究』吉川弘文館, 1987年
琉球政府編『沖縄県史』第2巻各論編1, 琉球政府, 1970年
琉球政府編『沖縄県史』第15巻資料編5雑纂2, 琉球政府, 1969年
ローザ＝カーロリ「抵抗と同化のはざま——尚泰の場合」『想像の沖縄——その時空間からの挑戦　第5回沖縄研究国際シンポジウム報告書』新宿書房, 2015年

## 参考文献

(史料)
伊藤隆・尾崎春盛編『尾崎三良日記』上巻，中央公論社，1991年
伊藤博文関係文書研究会編『伊藤博文関係文書』1～9，塙書房，1973～81年
沖縄県沖縄史料編集所編『沖縄県史料　近代3　尾崎三良岩村通俊　沖縄県史料』1989年
外務省外交史料館所蔵『琉球使臣上京書類』
鹿児島県歴史資料センター黎明館編『鹿児島県史料　大久保利通史料　一』鹿児島県，1988年
霞会館諸家資料調査委員会編『華族制度資料集―昭和新修華族家系大成別巻―』吉川弘文館，1985年
宮内省図書寮編『三条実美公年譜』宗高書房，1969年
宮内庁宮内公文書館所蔵『重要雑録　一　明治一二年』
宮内庁宮内公文書館所蔵『宣召録　明治15年』『宣召録　明治16年』『宣召録　明治17～18年』『宣召録　明治27～29年』『宣召録　明治30～32年』『宣召録　明治33～35年』
国立公文書館所蔵『公文別録』明治十年，第151巻
国立国会図書館憲政資料室編「三条実美関係文書」Ⅰ～Ⅲ，北泉社(現，創泉堂出版)，マイクロフィルム版，1997～98年
国立国会図書館憲政資料室所蔵『広沢真臣宍戸璣関係文書(「弁理球案始末」)』
中川壽之・広瀬順晧・藤田正編「岩倉具視関係文書〈国立国会図書館憲政資料室所蔵〔Ⅱ〕〉」北泉社(現，創泉堂出版)，マイクロフィルム版，1999年
那覇市所蔵「琉球国王尚家文書」
西村捨三『御祭草紙』大林帳簿製造所，1908年
日本国際協会編『大日本外交文書』第6～14巻，1938～40年
日本史籍協会『大久保利通日記』下，日本史籍協会，1927年
日本史籍協会『大久保利通文書』第六，日本史籍協会，1927年
那覇市企画部市史編集室編『那覇市史　資料篇 第二巻　中の四』那覇市役所，1971年
松田道之編『琉球処分』上・中・下，1879年
横山學編『琉球所属問題関係資料』1～8，本邦書籍，1987年
琉球政府編『沖縄県史』第16巻資料編6，琉球政府，1967年
早稲田大学大学史資料センター編『大隈重信関係文書』1～11，みすず書房，2004～15年
(著書・論文)
麻生伸一「近世琉球における王位継承について――尚育王と尚泰王の即位を中心に」『東洋学報』95-4，2014年
石井孝『明治初期の日本と東アジア』有隣堂，1982年
伊藤陽寿「尚泰襲封問題と琉仏条約――一八五五年―一八五六年におけるフランス人逗留問題から」『沖縄文化研究』43，2016年
梅木哲人『近世琉球国の構造』第一書房，2011年
梅木哲人『新琉球国の歴史』法政大学出版局，2013年
大野道雄『沖縄芝居とその周辺』みずほ出版，2003年

**尚泰とその時代**

| 西暦 | 年号 | 齢 | おもな事項 |
|---|---|---|---|
| 1843 | 天保14 | 1 | *7-8* 首里にて誕生。父，第二尚氏第18代中山王尚育 |
| 1844 | 弘化元 | 2 | *8-21* 兄濬が死去。中城王子(世子)に就任 |
| 1847 | 4 | 5 | *9-17* 父育が死去 |
| 1848 | 嘉永元 | 6 | *5-8* 第19代琉球国中山王に即位 |
| 1853 | 6 | 11 | *4-19* ペリー艦隊が那覇港に入港(翌年*7-11* 琉米修好条約を交換) |
| 1855 | 安政2 | 13 | *11-15* 琉仏修好条約調印 |
| 1858 | 5 | 16 | *8-2* 仏人とのあいだで軍艦・兵器などの購入契約が成立(のち，契約不履行) |
| 1859 | 6 | 17 | *2-23* 恩河親方が免職(牧志・恩河事件の発生)。*6-7* 琉蘭修好条約を交換。*9-* 事件後の綱紀粛正のため6カ条の諭旨 |
| 1864 | 元治元 | 22 | *8-2* 嫡子典(世子)誕生 |
| 1866 | 慶応2 | 24 | *6-* 清国の冊封使来琉。*8-27* 琉球国中山王に封ぜられる |
| 1871 | 明治4 | 29 | *7-14* 廃藩置県。*9-* 琉球館より内地一般の変革ありとする来状あり |
| 1872 | 5 | 30 | *7-16* 維新慶賀使として伊江王子・宜野湾親方を正副使に任命。*9-14* 維新慶賀使が天皇に拝謁，華族に列せられる |
| 1874 | 7 | 32 | *4-* 台湾出兵 |
| 1875 | 8 | 33 | *1-12* 清国同治帝崩御，光緒帝即位。*4-13* 日本政府，池城親方らに藩制改革・明治年号使用などを諭す。*6-3* 藩王以下の官等が定められる。*11-22* 今帰仁王子ほか天皇に拝謁する |
| 1876 | 9 | 34 | *12-6* 藩王命にて幸地親方らが陳情のため清国へ出発する |
| 1878 | 11 | 36 | *10-7* 琉球問題につき駐日清国公使が日本に抗議する |
| 1879 | 12 | 37 | *4-4* 廃藩置県・沖縄県設置を布告，鍋島直彬を県令に原忠順を少書記官に任ず。*4-27* 中城王子(尚典)上京のため那覇港出帆。*5-19* 尚泰上京を決意。*6-17* 拝謁，従三位に叙され麝香間祗候をおおせつけられる |
| 1882 | 15 | 40 | *7-* 宮内省より午餐会(第1回)への招待(～1884年) |
| 1884 | 17 | 42 | *8-8* 沖縄帰郷のため横浜出帆。*12-30* 旧首里政府士族に訓令する |
| 1885 | 18 | 43 | *5-2* 侯爵が授爵される |
| 1887 | 20 | 45 | *12-26* 正三位に昇叙される |
| 1888 | 21 | 46 | *9-11* 嫡孫昌が誕生する |
| 1890 | 23 | 48 | *5-26* 今帰仁・伊江両王子に男爵が授爵される |
| 1892 | 25 | 50 | *7-5* 従二位に昇叙される |
| 1896 | 29 | 54 | *6-* 宮内省より午餐会(第2回)への招待(～1901年) |
| 1901 | 34 | 59 | *8-19* 東京の尚侯爵邸にて死去。*8-21* 従一位を追贈される |

川畑 恵(かわばた めぐむ)
1964年生まれ
法政大学大学院人文科学研究科博士課程単位取得退学
専攻，日本近代史
現職，宮内庁書陵部編修課主任研究官
主要論文
「沖縄創県から初期県政へ」(『幕末維新論集』第9巻，吉川弘文館2001)
「琉球国から琉球藩へ―琉球処分の版籍奉還的意味を中心に―」
(『沖縄文化研究』34，2008)
「琉球処分研究を振り返る―1950年代～70年代を中心に―」
(『沖縄研究ノート』18，2009)
「国境の画定」(『講座 明治維新』第4巻，有志舎2012)

日本史リブレット人 080

**尚泰《しょうたい》**

最後の琉球王

2019年7月25日　1版1刷　印刷
2019年7月30日　1版1刷　発行

著者：川畑《かわばた》 恵《めぐむ》

発行者：野澤伸平

発行所：株式会社 山川出版社

〒101－0047　東京都千代田区内神田1－13－13
電話 03(3293)8131(営業)
03(3293)8135(編集)
https://www.yamakawa.co.jp/
振替 00120-9-43993

印刷所：明和印刷株式会社

製本所：株式会社 ブロケード

装幀：菊地信義


Printed in Japan ISBN 978-4-634-54880-0

# 日本史リブレット人

1 卑弥呼と台与 —— 仁藤敦史
2 倭の五王 —— 森　公章
3 蘇我大臣家 —— 佐藤長門
4 聖徳太子 —— 大平　聡
5 天智天皇 —— 須原祥二
6 天武天皇と持統天皇 —— 義江明子
7 聖武天皇 —— 寺崎保広
8 行基 —— 鈴木景二
9 藤原不比等 —— 坂上康俊
10 大伴家持 —— 鐘江宏之
11 桓武天皇 —— 西本昌弘
12 空海 —— 曾根正人
13 円珍と円仁 —— 平野卓治
14 菅原道真 —— 大隅清陽
15 藤原良房 —— 今　正秀
16 宇多天皇と醍醐天皇 —— 川尻秋生
17 平将門と藤原純友 —— 下向井龍彦
18 源信と空也 —— 新川登亀男
19 藤原道長 —— 大津　透
20 清少納言と紫式部 —— 丸山裕美子
21 後三条天皇 —— 美川　圭
22 源義家 —— 野口　実
23 奥州藤原三代 —— 斉藤利男
24 後白河上皇 —— 遠藤基郎
25 平清盛 —— 上杉和彦
26 源頼朝 —— 高橋典幸
27 重源と栄西 —— 久野修義
28 法然 —— 平　雅行
29 北条時政と北条政子 —— 関　幸彦
30 藤原定家 —— 五味文彦
31 後鳥羽上皇 —— 杉橋隆夫
32 北条泰時 —— 三田武繁
33 日蓮と一遍 —— 佐々木馨
34 北条時宗と安達泰盛 —— 福島金治
35 北条高時と金沢貞顕 —— 永井　晋
36 足利尊氏と足利直義 —— 山家浩樹
37 後醍醐天皇 —— 本郷和人
38 北畠親房と今川了俊 —— 近藤成一
39 足利義満 —— 伊藤喜良
40 足利義政と日野富子 —— 田端泰子
41 蓮如 —— 神田千里
42 北条早雲 —— 池上裕子
43 武田信玄と毛利元就 —— 鴨川達夫
44 フランシスコ＝ザビエル —— 浅見雅一
45 織田信長 —— 藤田達生
46 徳川家康 —— 藤井讓治
47 後水尾天皇と東福門院 —— 山口和夫
48 徳川光圀 —— 鈴木暎一
49 徳川綱吉 —— 福田千鶴
50 渋川春海 —— 林　淳
51 徳川吉宗 —— 大石　学
52 田沼意次 —— 深谷克己
53 遠山景元 —— 藤田　覚
54 酒井抱一 —— 玉蟲敏子
55 葛飾北斎 —— 小林　忠
56 塙保己一 —— 高埜利彦
57 伊能忠敬 —— 星埜由尚
58 近藤重蔵と近藤富蔵 —— 谷本晃久
59 二宮尊徳 —— 舟橋明宏
60 平田篤胤と佐藤信淵 —— 小野　将
61 大原幽学と飯岡助五郎 —— 高橋　敏
62 ケンペルとシーボルト —— 松井洋子
63 小林一茶 —— 青木美智男
64 鶴屋南北 —— 諏訪春雄
65 中山みき —— 小澤　浩
66 勝小吉と勝海舟 —— 大口勇次郎
67 坂本龍馬 —— 井上　勲
68 土方歳三と榎本武揚 —— 宮地正人
69 徳川慶喜 —— 松尾正人
70 木戸孝允 —— 一坂太郎
71 西郷隆盛 —— 徳永和喜
72 大久保利通 —— 佐々木克
73 明治天皇と昭憲皇太后 —— 佐々木隆
74 岩倉具視 —— 坂本一登
75 後藤象二郎 —— 鳥海　靖
76 福澤諭吉と大隈重信 —— 池田勇太
77 伊藤博文と山県有朋 —— 西川　誠
78 井上馨 —— 神山恒雄
79 河野広中と田中正造 —— 田崎公司
80 尚泰 —— 川畑　恵
81 森有礼と内村鑑三 —— 狐塚裕子
82 重野安繹と久米邦武 —— 松沢裕作
83 徳富蘇峰 —— 中野目徹
84 岡倉天心と大川周明 —— 塩出浩之
85 渋沢栄一 —— 井上　潤
86 三野村利左衛門と益田孝 —— 森田貴子
87 ボアソナード —— 池田眞朗
88 島地黙雷 —— 山口輝臣
89 児玉源太郎 —— 大澤博明
90 西園寺公望 —— 永井　和
91 桂太郎と森鷗外 —— 荒木康彦
92 高峰譲吉と豊田佐吉 —— 鈴木　淳
93 平塚らいてう —— 差波亜紀子
94 原敬 —— 季武嘉也
95 美濃部達吉と吉野作造 —— 古川江里子
96 斎藤実 —— 小林和幸
97 田中義一 —— 加藤陽子
98 松岡洋右 —— 田浦雅徳
99 溥儀 —— 塚瀬　進
100 東条英機 —— 古川隆久

〈白ヌキ数字は既刊〉